# CHATILLON D'AZERGUES

# CHATILLON D'AZERGUES

## SON CHATEAU, SA CHAPELLE ET SES SEIGNEURS

PAR

A. VACHEZ

AVOCAT,

DOCTEUR EN DROIT, MEMBRE DE LA SOCIÉTÉ LITTÉRAIRE DE LYON

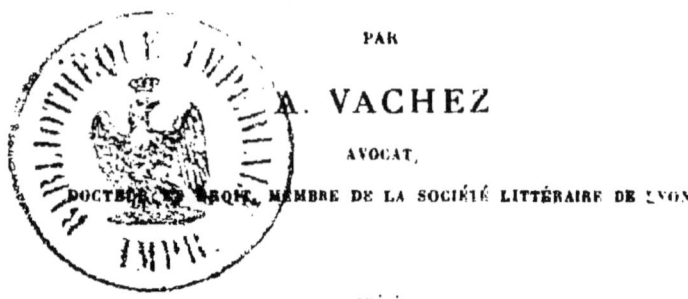

suivi

D'UNE NOTICE ANALYTIQUE

## SUR LA CHARTE INÉDITE DE CHATILLON

PAR

V. DE VALOUS

Sous-bibliothécaire au Palais-des-Arts et membre de la Société littéraire de Lyon.

## LYON

IMPRIMERIE D'AIMÉ VINGTRINIER

RUE BELLE-CORDIÈRE, 14

—

1869

# CHATILLON D'AZERGUES

## SON CHATEAU, SA CHAPELLE ET SES SEIGNEURS

**CHAPITRE PREMIER. — NOTICE HISTORIQUE.**

§ 1. Les Seigneurs de Châtillon.

HATILLON D'AZERGUES ne fut sans doute, à l'origine, qu'un poste fortifié d'une importance secondaire. Son nom même : *Castellio, châtillon*, simple diminutif de *castellum* (château), nous indique que le château primitif de Châtillon fut loin d'avoir la force et l'étendue de celui dont nous admirons les restes. L'opinion de ceux qui pensent que le château actuel a succédé à un ancien poste romain n'a même rien d'invraisemblable ; les diverses dénominations rapportées ci-dessus servent aussi bien à désigner l'emplacement d'un camp romain qu'un château féodal, et l'on sait d'ailleurs qu'un grand nombre de forteresses du moyen âge ont remplacé des châteaux de l'époque romaine, qui avaient fait partie du système général de défense du pays et dont la plupart étaient destinés à fermer l'entrée des vallées (1).

Au surplus, il n'est pas douteux que Châtillon n'ait été fortifié dès les premiers temps de la féodalité. Sa forte position sur un promontoire de rochers, qui commande à la fois les deux vallées de l'Azergues et d'Alix, dut faire choisir de bonne heure ce lieu par les rudes batailleurs du X$^e$ et du XI$^e$ siècles pour y élever une forteresse.

Mais l'obscurité la plus complète existe sur le fondateur du château actuel et sur ses premiers possesseurs. Pourtant, comme à cette époque le seigneur féodal empruntait à son fief le nom patronymique qu'il transmettait à sa postérité, et que, dès les temps les plus reculés, nous trouvons une famille de Châtillon possessionnée dans nos contrées et notamment aux Chères, à Lissieu, à Anse, et à Quincieu (2), nous pouvons dire, avec toutes les vraisemblances désirables, que c'est à elle que notre vieux manoir dut sa fondation.

Il est vrai qu'il faut se garder de confondre, comme on l'a fait quelquefois, les seigneurs de Châtillon les Dombes avec ceux de Châtillon d'Azergues, qui ne semblent avoir eu entre eux de commun que le nom. Mais s'il n'est point démontré que Bernard et Etienne de Châtillon, qui figurent comme témoins dans une charte de l'an 1080, aient possédé la seigneurie de Châtillon d'Azergues, le fait paraît plus probable en ce qui concerne Amblard de Châtillon, qui était possessionné à Essertines en Chatelneuf vers l'an 1100 (3). Enfin, il est bien difficile de ne pas croire que Guillaume

(1) Ducange. V$^o$ *Castellio*. Quicherat. *De la formation française des anciens noms de lieux*. p. 54. — Congrès archéol. de France, 13$^e$ session, p. 67.

(2) Guigue. *Obituarium lugdunensis ecclesiæ*, p. 71. 134. 184.

(3) Cartul. de Savigny, ch. 766, 861, et 948.

Rainier de Châtillon, qui vivait en 1121, était seigneur de Châtillon d'Azergues, alors que nous le voyons, cette même année, signer une charte avec Pierre de Bully, possesseur d'une seigneurie limitrophe. Et il en est de même de Dalmace de Châtillon, témoin dans un acte de l'an 1160, avec Guichard d'Oingt. Ajoutons enfin que la filiation des seigneurs de Châtillon les Dombes est connue, et qu'aucun des noms qui précèdent ne figure dans leur généalogie. On peut donc affirmer, avec toute la certitude désirable, que Châtillon d'Azergues fut possédé, au XI<sup>e</sup> et au XII<sup>e</sup> siècles, par une famille chevaleresque qui lui emprunta son nom, et dont les documents de l'époque ne nous ont conservé aucun autre souvenir (1).

La première mention faite dans nos annales du château de Châtillon se trouve dans le traité de 1173, par lequel l'archevêque de Lyon et le comte de Forez fixèrent les limites de leurs domaines respectifs : « Sur la rive droite de la
« Saône, porte ce document, le comte cède à l'archevêque
« le château de Châtillon (*Castellionis*) et tout ce qui est
« renfermé dans ce château et son mandement, pour lequel
« le seigneur dudit château doit fidélité et hommage
« lige (2). »

C'est ainsi que Châtillon fut compris désormais dans la province du Lyonnais et placé sous la suzeraineté de l'Église de Lyon. Mais la période historique ne s'ouvre pour les seigneurs de Châtillon d'Azergues qu'au commencement du XIII<sup>e</sup> siècle. A cette époque la famille de Châtillon a disparu et la seigneurie du lieu a passé à la maison d'Oingt qui possédait, depuis l'époque la plus reculée, le vieux bourg de ce nom, auquel nos historiens donnent une ori-

---

(1) Cartul. de Savigny, ch. 903. — Huillard Bréholles *Invent. des titres de la maison de Bourbon*, n° 8. — Chaverondier, *Invent. des titres du comté de Forez*, p. 586. — La Chesnaye des Bois, IV p. 344.

(2) Menestrier. *Histoire civile et consul.* Preuves, p. 37.

gine romaine; famille illustre qui apparaît dans notre histoire dès le commencement du XIe siècle et qui donna des chanoines à l'Église de Lyon, des moines à l'Ile Barbe et à Savigny et se montra toujours dévouée aux intérêts de cette dernière abbaye.

Le premier représentant de cette famille que nous trouvons en possession de Châtillon d'Azergues, est Guichard d'Oingt, qui vivait en 1217. A cette époque, si une grande partie du sol est aux mains des seigneurs laïques, les églises et les monastères sont loin d'avoir perdu les richesses recueillies pendant le cours des siècles précédents. Ruinées par les croisades lointaines, par la construction des châteaux forts et par les guerres privées, les familles chevaleresques ont souvent recours à des emprunts pour lesquels nous les voyons engager leurs châteaux et leurs seigneuries. Et alors c'est généralement aux églises que s'adressent les seigneurs féodaux.

Il en fut ainsi de Guichard d'Oingt. Ses domaines étaient vastes et nombreux; il était possessionné à Bagnols, à Légny, au Bois-d'Oingt, à Theizé, à Pouilly, à Liergues, à Moiré, à Saint-Véran, à Sarsay, à Saint-Loup, à Ternant et à Saint-Marcel l'Éclairé; c'est ainsi que nous le voyons, en 1228, rendre hommage, pour ce dernier fief, à Guy comte de Forez (1). Mais cet accroissement de possessions territoriales ne semble guère l'avoir enrichi; il lui fallait fortifier les bourgs et relever les vieilles forteresses des premiers âges de la féodalité; il venait ainsi d'entourer Bagnols d'un mur d'enceinte; peut-être même en avait-il reconstruit le vieux château, et tous ces grands travaux avaient épuisé ses ressources. Aussi, dès l'année 1217, le voyons-nous engager son château d'Oingt à Renaud, archevêque de Lyon, en garantie d'un premier emprunt (2).

---

(1) Noms féodaux, V° Yconio.

(2) *Obituarium Lugdunensis ecclesiæ*. p. 134. — Archives du Rhône, armoire Cham, vol 46, n° 1.

Trois ans plus tard, le 12 février 1220, il engageait au même prélat, pour une somme de 11,000 sous forts, les fortifications qu'il venait d'élever récemment à Bagnols (*munitionem de novo constructam*), et tous les droits qu'il avait au même lieu, ainsi qu'au Bois-d'Oingt et dans la paroisse de Légny. Guichard présenta en outre comme cautions plusieurs représentants de la noblesse chevaleresque de nos provinces. C'étaient : Guy de Marchampt, Guy de Marzé, Aymon de Varennes, Pierre de Taney, Dalmace de Saint-Symphorien, Zacharie de Fontanez, Etienne et Pierre de Lanay, Humbert Ayglier, Zacharie Mauvoisin et plusieurs autres. Chacun d'eux s'engagea pour Guichard jusqu'à concurrence de 300 sous forts (1).

Mais cet emprunt ne put suffire aux besoins de Guichard ; l'année suivante, l'archevêque Renaud accorda encore aux prières du seigneur d'Oingt et de ses amis, un prêt de 1000 sous forts. Quatre ans plus tard, nouvelles sollicitations, nouvel emprunt de 8,000 sous forts. En garantie de tous ces prêts qui s'élevaient à la somme totale de 20,000 sous forts, Guichard engagea au chapitre tous les droits qu'il possédait sur les villages de Theizé, de Pouilly, de Liergues, de Moiré, de Saint-Véran, de Sarsay, de Saint-Loup, de Ternant, du Bois-d'Oingt et de Légny, aussi bien que sa nouvelle forteresse de Bagnols, droits qu'il tenait déjà en fief de l'Eglise de Lyon et qu'il promit de posséder toujours en fidèle vassal. De plus, le même emprunt fut encore cautionné par les chevaliers dont les noms sont rapportés ci-dessus (2).

Le testament de Robert II, archevêque de Lyon, du mois de juin 1232, nous apprend que, sous ce prélat, Guichard avait pu rembourser 1,000 livres sur l'engagement

---

(1) **Archives du Rhône. Arm. Cham. Vol. 48, n° 3.** Nous devons la communication de ce document ainsi que celle de la pièce suivante à l'obligeance de M. Vital de Valous.

(2) **Archives du Rhône. Arm. Cham. Vol. 48, n° 6.**

du château d'Oingt, mais dans l'intervalle il avait engagé Châtillon à l'Eglise de Lyon pour le prêt d'une somme de cent livres que l'archevêque Robert légua à son successeur (1).

Tel est le premier document qui nous montre Châtillon d'Azergues en possession des seigneurs d'Oingt.

Guichard laissa deux fils : Guichard et Etienne. Guichard l'aîné hérita de la terre d'Oingt. Etienne fut seigneur de Châtillon d'Azergues, de Bagnols, de Saint-Forgeux, de Saint-Romain de Popey, d'Ancy, de Fleurieux et de Brullioles. Il paraît même avoir été en possession de toutes ces terres dès l'année 1247 (2). Mais il ne posséda jamais que la moitié de la seigneurie de Châtillon. Dès cette époque, et jusqu'à la fin du XVe siècle, cette seigneurie fut divisée en deux parties, et nous aurons à rechercher quels furent pendant cette période de deux siècles les divers co-seigneurs de ce fief. Il nous suffit de savoir présentement qu'au milieu du XIIIe siècle l'autre moitié de Châtillon était aux mains d'André d'Albon, seigneur de Curis. C'est du moins ce qui résulte de divers événements dont on verra plus loin le récit et que ce fait seul rend explicables.

Etienne d'Oingt nous est surtout connu par la charte de franchises qu'il accorda, avec le consentement et l'approbation de son frère Guichard d'Oingt, aux habitants de la seigneurie de Châtillon, le 1er avril 1260 (vieux style).

Depuis quelques mois seulement, Villefranche venait de recevoir sa charte de libertés communales. Le mouvement général des esprits, l'exemple donné par un puissant voisin, enfin même son propre intérêt puisqu'il s'agissait de retenir les habitants de ses domaines, et qu'il se fit payer une somme de 300 livres viennoises, tout portait le seigneur de Châtillon à libérer ses vassaux des droits onéreux que

---

(1) *Obituarium Lugdunensis ecclesiæ*, p. 210.
(2) Bedin, *Fief de Presny*, p. 28.

faisait peser sur eux le joug féodal. Après en avoir délibéré avec ses amis, Etienne d'Oingt les affranchit donc à l'avenir du droit de taille ou complainte (*omnem tailliam complaintam*), des taxes arbitraires appelées extorsions et exactions (*exactiones et extorsiones*), des corvées, même de celles qui se bornaient à un seul jour de travail (*corvatas jornales*), et des reconnaissances (*recognitiones*) dues lors du changement du seigneur ou pour toute transmission de biens d'un père à ses enfants ou de ces derniers à leurs ascendants. Il renonça pareillement aux droits de banvin (*bannum de augusto*), de péage sur le vin, et de retrait censuel. Mais le service militaire à la suite du seigneur (*chalvagatas*), aussi bien que les droits de laods et ventes furent maintenus expressément (1).

Cette charte ne renferme ainsi que la remise de quelques-uns des droits exercés au moyen âge par un seigneur sur ses vassaux. Il n'y est fait aucune mention de concessions municipales donnant au bourg de Châtillon le droit de se former en commune et de confier à des consuls la gestion de ses affaires publiques. Cependant, ce droit a dû être concédé, au moins verbalement, à une époque quelconque, car lorsque, pour assurer la conservation de sa charte, le bourg de Châtillon demanda, en 1597, son insinuation au greffe de la sénéchaussée de Lyon, la supplique fut faite au nom des consuls du lieu (2).

La charte de Châtillon d'Azergues, retrouvée récemment aux archives de la Cour impériale par M. Vital de Valous, est précieuse, non-seulement parce qu'elle est la seule charte concédée au moyen âge, dans la province du Lyonnais, dont nous possédions le texte complet, mais encore

---

(1) Voir pour de plus amples détails sur cette charte le travail spécial que lui a consacré M. Vital de Valous et qui forme le chap. V de cette notice.

(2) « Supplient humblement les *cosses*, manans et habitans de Chastillon d'Azergues... » — V. ce document aux pièces justificatives.

parce qu'elle nous indique l'étendue de la seigneurie de Châtillon, au milieu du XIIIᵉ siècle. Cette seigneurie comprenait à la fois les paroisses de Saint-Jean (1) et de Saint-Barthélemy de Châtillon, de Sainte-Valburge (aujourd'hui chapelle d'Amancey), de Chessy, du Breuil, de Saint-Germain sur l'Arbresle, de Sarsay, de Dorieux, de Coleymieux, de Belmont et de Charnay.

Bien plus, ce document nous donne d'une manière précise les confins de cette circonscription féodale et nous les reproduisons ici, bien que les noms de lieux indiqués comme points de repère soient oubliés sans doute depuis longtemps.

Ces limites formaient le périmètre suivant : Du chêne de Charnay (2), elles se dirigeaient vers le trève de Mercurens (*ad trivium de Mercurens*), et de là vers l'Azergues, en suivant le chemin de Croze (3) à cette rivière (*de Crozes en Azergo*). De ce cours d'eau, elles remontaient à la Roche Clusel (*ad rupem dictam Clusel*), passaient au lieu des Places (4), puis au trève de Lays (5), (*ad trivium de Lays*), pour aboutir au chêne de Charnay (*ad quercum de Charnay*), indiqué comme point de départ (6).

Il est probable qu'Etienne d'Oingt ne vit point son exemple suivi par le seigneur de l'autre moitié de Châtillon. Car si ce dernier eût accordé les mêmes franchises à ses vas-

---

(1) Nous voyons sur le plan cadastral que le territoire situé entre le bourg de Châtillon et l'Azergues porte le nom de *Saint-Jean*. C'est là, sans doute, un dernier souvenir d'une ancienne subdivision de la paroisse de Châtillon.

(2) Le nom de la *Montée du Chêne*, que nous rencontrons sur le plan cadastral de Châtillon, nous indique, sans doute, la situation de cet ancien point de repère.

(3) Peut-être s'agit-il là du lieu appelé *Crouze* sur le plan cadastral.

(4) Les Places, hameau de la commune de Sarsay.

(5) Sans doute *Glay*, entre Saint-Germain et le Breuil.

(6) Archives de la Cour impériale de Lyon. *Registres des insinuations*. Vol. 122, fᵒˢ 154 et suiv.

saux, les habitants de Châtillon n'eussent point négligé évidemment de faire transcrire aussi cette seconde charte sur les registres de la sénéchaussée de Lyon.

Un hommage rendu, en 1272, par Etienne de Varennes à l'abbé de l'Ile Barbe, nous apprend qu'Etienne d'Oingt vivait encore à cette date (1). Mais sa mort est antérieure à l'année 1284. L'ancienneté de sa famille et l'importance de ses possessions territoriales lui avaient fait contracter une illustre alliance : il avait épousé Artaude de Roussillon, fille d'Artaud, quatrième du nom, seigneur de Roussillon, et d'Artaude, fille de Guy IV, comte de Forez, qui lui donna sept enfants.

Etienne d'Oingt laissa, en mourant, à sa veuve l'usufruit des terres et seigneuries de Châtillon, Bagnols, Saint-Forgeux et Saint-Romain de Popey. Ses enfants étaient fort jeunes encore, et leur âge les livrait sans défense aux agressions violentes d'injustes voisins. Mais ils trouvèrent un puissant protecteur dans leur cousin Artaud V de Roussillon-Annonay, fils de Guillaume de Roussillon et de Béatrix de la Tour, qui possédait dans nos contrées les seigneuries de Riverie, de Dargoire et de Châteauneuf. Pour mieux assurer sans doute l'efficacité d'un tel appui, mais en apparence pour le récompenser des services qu'il leur avait rendus, les filles d'Etienne d'Oingt, nommées Marguerite, Éléonore, Guiburge, Clémence et Élisabeth, firent don à Artaud, par un acte du mois de décembre 1284, de leurs terres et seigneuries de Châtillon d'Azergues, Bagnols, Saint-Forgeux et Saint-Romain de Popey. Cette donation, dont Falque d'Ampuis et Guillaume Malamotha, chevaliers, furent témoins, fut approuvée par Girin de *Mazuriaco* (de Mizérieux?), leur curateur (2).

L'année suivante, Gilet d'Oingt, fils d'Etienne d'Oingt, suivit l'exemple de ses sœurs. Le 2 novembre 1285, il fit

(1) Bedin. Fief de Prosny, p. 28.
(2) Huillard-Brécholles. Inventaire des titres des ducs de Bourbon. N° 754.

aussi donation à Artaud de Roussillon de tout ce qu'il pouvait posséder ou prétendre à Châtillon d'Azergues, à Bagnols, à Saint-Forgeux, à Saint-Romain de Popey, à Ancy, à Fleurieux, à Brullioles, ainsi que de la garde de Dorieux, et cela, ajoute l'acte, en considération des bons services qu'Artaud avait rendus au donateur (1).

Gilet d'Oingt mourut jeune et sans laisser de postérité, de même que son frère Guichard. Mais Artaud, qui n'avait reçu ces divers fiefs que pour mieux assurer la protection qu'il avait accordée à ses jeunes parents, ne prit jamais possession de Châtillon d'Azergues, ni le titre de seigneur de cette terre, et il se souvint, en loyal chevalier, de restituer le dépôt qui lui avait été confié, quand les enfants d'Etienne d'Oingt furent en état de se protéger eux-mêmes. Châtillon d'Azergues, avec les terres de Bagnols, de Saint-Forgeux et de Saint-Romain de Popey, dont la veuve d'Etienne d'Oingt avait l'usufruit, formaient la dot de deux de ses filles : Marguerite et Eléonore. Au mois de décembre 1288, l'une et l'autre furent fiancées, l'aînée, Marguerite, à Guy d'Albon, et Eléonore à Guillaume d'Albon, tous deux fils d'André d'Albon, chevalier, seigneur de Curis et coseigneur de Châtillon d'Azergues. Désormais la tutelle d'Artaud de Roussillon devenait sans objet. Aussi, dans un acte du 28 décembre 1288, s'empressa-t-il de renoncer, en considération de ce mariage, à la donation qui lui avait été faite. Toutefois, il se réservait de reprendre les biens cédés, au cas où Marguerite et Eléonore ne laisseraient pas d'enfants, en se chargeant d'exécuter leurs dispositions testamentaires qui s'élevaient pour chacune d'elles à la somme de 200 livres viennoises.

Cet abandon fait, les deux futures, par un autre acte du même jour, déclarèrent apporter en dot à Guy et à Guillaume d'Albon les terres et seigneuries de Châtillon

---

(1) Huillard-Bréholles. Inventaire des titres de la maison de Bourbon. N° 777.

d'Azergues, de Saint-Forgeux, de Saint-Romain de Popey et en général tous les biens leur provenant de l'héritage paternel, à l'exception toutefois de l'usufruit de la terre de Bagnols qui fut réservé à leur mère (1).

C'est ainsi que Châtillon d'Azergues passa aux mains de la famille d'Albon pour y demeurer pendant près de deux siècles. Mais alors, aussi, commence pour le vieux manoir la période des guerres privées, des siéges et des combats. En 1297, Guillaume d'Albon suivit, avec un chevalier et deux écuyers, le bailli de Mâcon qui allait, par ordre du roi, au secours du duc de Bourgogne (2). Peu de temps après cette expédition, il eut à soutenir, avec Guy son frère aîné, une agression violente de la part de leur troisième frère Henri, qui avait hérité des droits que leur père André d'Albon possédait sur la terre de Châtillon.

Au nombre des fiefs relevant de cette seigneurie était celui de Sandars, situé dans la plaine entre Châtillon et Chessy, et que possédait, à cette époque, la famille de Varennes. Jean de Varennes, chevalier, rendit hommage, le 28 mars 1294, à Guy et à Guillaume d'Albon, pour cette maison de Sandars et ses dépendances. En 1302, le même hommage fut renouvelé encore, et toujours sans tenir compte des droits de suzeraineté d'Henri d'Albon. Il n'y avait là sans doute rien de bien grave ; car, aux termes du droit féodal, l'hommage rendu à un seul des coseigneurs ne libérait point le vassal vis-à-vis de l'autre suzerain et ne pouvait nuire par conséquent aux droits de ce dernier. Néanmoins le fougueux chevalier considéra cet oubli comme une offense et il en demanda réparation les armes à la main. Guy et Guillaume armèrent de leur côté leurs vassaux et leurs amis, et les deux partis en vinrent aux mains. Mais Henri d'Albon fut vaincu et laissa même son

(1) Huillard-Bréholles. *Loco citato.* N° 814. — Noms féodaux. V° *Ros-sillon.*

(2) P. Anselme. Grands officiers de la couronne. VII, p. 203 et suiv.

fils aîné Simon prisonnier aux mains de ses deux frères.

Cet échec rendit l'agresseur moins intraitable. Guichard, seigneur d'Oingt, Guillaume de la Pallu, Bérard de Garnarens et Philippe de Marzé, amis communs des seigneurs d'Albon, s'interposèrent et réussirent à terminer le différend par une transaction qui rendit Simon à la liberté et divisa la seigneurie de Châtillon entre les trois frères (1303). Mais Henri ne garda pas longtemps sa part ; il la vendit aussitôt à son frère Guillaume, et des deniers qu'il en reçut il acheta le château et la seigneurie de Pollionay. Son frère Guy, seigneur de Curis, aliéna pareillement la sienne ; mais on ignore le nom de l'acquéreur. Selon toute apparence, ce fut aux seigneurs de Varey, que nous voyons pendant le cours du xiv<sup>e</sup> siècle qualifiés du titre de co-seigneurs de Châtillon d'Azergues (1).

Quoi qu'il en soit, à compter de ce moment, Guillaume d'Albon et sa postérité furent en possession de la plus grande partie de cette seigneurie. Il en fut de même de celle de Bagnols, pour laquelle il rendit hommage à l'archevêque de Lyon, avec son frère Guy, le 2 février 1289 et le 9 mai 1290. Déjà le 5 mars 1289, Guiburge, troisième fille d'Etienne d'Oingt, et son mari Guy de Saint-Symphorien, seigneur de Grézieu, avaient renoncé en faveur de Marguerite et d'Eléonore, femmes de Guy et de Guillaume d'Albon, à tous leurs droits dans la succession de leur père et de leurs frères Guichard et Gilet d'Oingt, moyennant la somme de 200 livres (2). Mais il paraît que cette renonciation n'avait pas été complète, car le 3 juillet 1308, Guy et Guillaume d'Albon traitèrent encore avec Guy de Saint-Symphorien et sa femme Guiburge, au sujet des droits de cette dernière sur le château de Bagnols, provenant de l'héritage de ses frères Guichard et Gilet d'Oingt (3).

(1) Mazures de l'Isle Barbe. P. 131, 178 et 190.
(2) Huillard-Bréholles. Inventaire des titres de la maison de Bourbon. N<sup>os</sup> 617, 618 et 638.
(3) De Courcelles. Généalogie de la maison d'Albon, p. 25.

D'autres documents nous apprennent encore que Humbert Ier de la Tour du Pin, dauphin de Viennois et comte d'Albon, était débiteur envers Guillaume et ses deux frères Guy et Henri d'une somme de 2786 livres 10 sous viennois. Pour se libérer de cette somme, il leur délégua, par un acte du 17 juin 1298, 300 livres à prendre annuellement, pendant huit ans, sur une pension de 800 livres que le roi Philippe le Bel lui avait assignée sur son trésor du Temple à Paris (1).

Au mois de septembre 1307, nous voyons Guillaume d'Albon ratifier, avec ses deux frères, le traité conclu entre le roi Philippe le Bel et l'archevêque de Lyon, Henri de Villars, qui obtint du prince la confirmation des droits régaliens et la promesse de ne lever aucun impôt dans sa juridiction, sans le consentement de son Eglise, avec l'interdiction pour les officiers du roi de tenir des assises en son nom dans la ville de Lyon (2). Quatre ans plus tard, Guillaume figure au nombre des seigneurs qui protestèrent, le 20 octobre 1311, contre les Philippines, édits royaux qui mettaient la noblesse de la province sous la suzeraineté directe de l'Eglise de Lyon et préparèrent la réunion du Lyonnais à la couronne de France (3). Guillaume d'Albon vivait encore en 1313, car il fut convoqué, le 2 août de cette même année, avec plusieurs autres chevaliers, et notamment Guy d'Albon son frère et Jean (de Varey?), co-seigneur de Châtillon d'Azergues, par Renaud de Sainte-Bonne, chevalier, pour fixer l'étendue du ressort de la sénéchaussée royale de Lyon (4).

A Guillaume succéda son fils aîné, Etienne d'Albon, chevalier. Mais nous ne connaissons de ce seigneur de Châtillon que l'alliance qu'il contracta avec Jacqueline de

---

(1) Mazures de l'Isle Barbe, p. 132.
(2) De Courcelles. Généalogie des d'Albon, p. 27.
(3) Menestrier. Hist. civile et consul. P. 427. — Monfalcon. Monumenta historiæ Lugdunensis, p. 457.
(4) Menestrier. Hist. civile et consul. p. 441, et Preuves, p. 88.

Saint-Germain, fille d'Artaud de Saint-Germain, seigneur de Montrond en Forez, qui lui donna quatre enfants, savoir : 1° Jean, seigneur de Châtillon, qui suit ; 2° Thibaud, qui hérita plus tard de cette terre, après la mort de son neveu ; 3° Etienne, chamarier de Savigny et prieur de Mornant, qui vivait en 1369 ; 4° Jacquette, religieuse à l'abbaye de Saint-Pierre (1).

Jean d'Albon, fils aîné d'Etienne d'Albon, hérita de son père des seigneuries de Châtillon d'Azergues et de Bagnols. Ce seigneur de Châtillon fut l'un des plus fidèles serviteurs de la royauté dans les guerres que Philippe de Valois soutint contre les Anglais. Toute sa vie se passa au milieu des camps, et il ne revint dans ses foyers que lorsqu'il fut devenu vieux et infirme. Ce fut alors que Jean de Marigny, évêque de Beauvais, lieutenant du roi au pays de Saintonge, lui accorda, au nom du prince, une pension de douze deniers par jour, à prendre à Toulouse sur le trésor royal, sous son bon plaisir toutefois et pour autant de temps qu'il plairait à Sa Majesté. Cette faveur, portent les lettres-patentes du roi, du 20 février 1341, lui était accordée comme une juste récompense des services qu'il avait rendus à l'Etat, ainsi que ses frères et tous les membres de sa famille (2).

Une pension qui se réduisait à 18 livres par an, nous paraît bien modique. Mais si l'on songe à la dépréciation subie par les valeurs monétaires depuis le xiv° siècle, on est bientôt convaincu que cette libéralité avait plus d'importance qu'elle ne le semble au premier abord. Le Laboureur, qui écrivait à la fin du xvii° siècle, l'avait déjà remarqué. L'argent était rare à cette époque, dit le vieux chroniqueur, et l'on faisait beaucoup avec de faibles sommes. Alors, en effet, on pouvait ériger une maison en fief, en y

---

(1) Mazures de l'Isle Barbe, p. 180. — P. Anselme. *Grands officiers de la Couronne*. VII, p. 203 et suiv.

(2) Mazures de l'Isle Barbe, p. 180.

attachant dix livres de rente en fonds, et cela suffisait pour l'entretien d'un gentilhomme. A la même époque, les chanoines de Lyon avaient seulement de 15 à 30 livres de rente. La pension de 18 livres, accordée par le roi à Jean d'Albon, n'était donc point une récompense sans valeur.

Jean d'Albon vivait encore en 1349, époque où il assista au mariage d'Agnès d'Albon, sa parente, fille de Henri, seigneur de Saint-Forgeux, avec Mathieu de Talaru (1). Sa mort n'est pas postérieure à 1357, car déjà l'année suivante, sa veuve, Marguerite d'Oingt, fille de Guy, seigneur d'Oingt et de Fleur de Lys de Varey, s'était remariée à Jean de Laye, seigneur de Saint-Lagier (2).

Le testament de Marguerite d'Oingt, qui porte la date du 19 décembre 1383, nous apprend que Jean d'Albon fut inhumé à Lyon dans l'église du couvent des Jacobins. Il ne laissa qu'un fils nommé Etienne, dont la minorité fut orageuse. A peine sa mère eut-elle contracté un nouveau mariage, que Thibaud, frère puîné de Jean d'Albon, prétendit à la tutelle de son neveu. Mais une sentence de l'an 1361 rejeta sa demande et la tutelle d'Etienne fut confiée à Henri d'Albon, seigneur de Saint-Forgeux, fils de Guy, seigneur de Curis. Malheureusement cette tutelle ne dura guère. Henri, qui testa le 11 août 1361, au moment de son départ pour l'armée du roi, mourut dans cette expédition et laissa ainsi son pupille et son fils Guillaume livrés aux attaques incessantes de Thibaud. Etienne, religieux de Savigny, frère de ce dernier, Henri d'Albon, moine de l'Ile Barbe, et Humbert d'Albon, seigneur de Pollionay, réussirent, par leur médiation, à étouffer le différend (1363). Mais au milieu de tous ces conflits, Thibaud s'empara par force du château de Châtillon, et enleva tout ce qu'il renfermait de plus précieux : bijoux, meubles, armes et objets d'équipement.

(1) P. Anselme. *Histoire des grands Officiers de la Couronne*, VII, p. 203 et s.

(2) Bedin, *Fief de Prosny*, p. 29.

Tout cela ne l'empêcha pas, lorsque son neveu Etienne d'Albon fut mort quelques années après, sans postérité (1370), et qu'il eut hérité de ce dernier de la seigneurie de Châtillon, d'intenter un nouveau procès à Guillaume d'Albon, seigneur de Saint-Forgeux, auquel il réclama à la fois la reddition du compte de tutelle d'Etienne d'Albon, due par son père Henri, et la représentation des bijoux et effets mobiliers ayant appartenu à son neveu.

La réponse de Guillaume était facile : L'éducation d'Etienne d'Albon, les procès intentés par Thibaud tant à son neveu qu'à sa mère Marguerite d'Oingt et les fortes garnisons, que le tuteur de ce dernier avait été obligé de tenir à Châtillon, avaient absorbé tous les revenus de son jeune pupille. Enfin, quant aux bijoux que réclamait Thibaud, ne savait-il pas qu'il les avait enlevés en s'emparant de vive force du château de Châtillon ?

Un procès ruineux et interminable, comme on les faisait à cette époque, allait s'engager, quand l'intervention de leur parent Humbert d'Albon, seigneur de Pollionay, amena une transaction par laquelle les deux parties se tinrent mutuellement quittes de leurs prétentions réciproques.

Ce fut ainsi que Thibaud entra en possession paisible de Châtillon. Depuis cette époque, l'histoire n'en fait aucune mention. Il mourut à Lyon, en 1399. Comme son frère Jean d'Albon, Thibaud avait passé la plus grande partie de sa vie au service du roi, dans nos guerres contre les Anglais. Aussi les corps ecclésiastiques et tous les fonctionnaires de l'ordre civil s'empressèrent-ils d'honorer les funérailles du vaillant chevalier. Thibaud fut inhumé dans l'église des Jacobins où les d'Albon avaient leur sépulture. Sa tombe, sur laquelle il était représenté tête nue et armé de toutes pièces, existait encore dans cette église du temps du Laboureur (1).

Thibaud d'Albon paraît avoir épousé une femme de la

---

(1) *Mazures de l'Isle Barbe*, p. 182 et s.

maison de Thélis qui lui donna six enfants. L'un d'eux, Hugues, fut prévôt de l'église de Saint-Jean de Lyon ; un autre, du nom de Bertrand, fut père d'une fille appelée Alix, qui épousa Guichard de Saint-Symphorien, seigneur de Chamousset; l'aîné, nommé Thibaud, comme son père, lui succéda dans la possession des terres de Châtillon et de Bagnols.

Ce dernier épousa Catherine de Varey, de la maison d'Avauges, qui possédait une part de la seigneurie de Châtillon d'Azergues. Il fut stipulé dans le contrat de mariage des deux époux que le premier fils qui naîtrait de leur union aurait, par préciput, le château de Châtillon avec la moitié par indivis de tous les revenus, rentes, droits seigneuriaux et de juridiction à tous les degrés dépendant de la dite seigneurie. Le bénéfice de cette donation appartenait à Guichard, l'aîné de leur fils. Comment ce dernier offensa-t-il son père ? Osa-t-il réclamer trop tôt la jouissance de la seigneurie de Châtillon ? On l'ignore. Ce qui est certain, c'est qu'il encourut la disgrâce de son père. L'irritation de Thibaud d'Albon fut si vive qu'il abandonna Châtillon dont il emporta les plus beaux matériaux, le bois, la pierre et le fer, qu'il fit conduire dans son château de Bagnols où il se retira.

Non content de dépouiller le vieux manoir et de le laisser tomber en ruine, il aliéna même les rentes et les revenus de la seigneurie, vingt bicherées de la terre appelée de Pouilly, la juridiction de Dorieux, la terre et rente de Chambost et divers autres droits seigneuriaux. Dépouillé de ses revenus, repoussé par son père qui refusait de lui donner un asile, Guichard eut recours au tribunal de la sénéchaussée de Lyon pour obtenir une pension alimentaire ; mais il n'en fut jamais payé. Rien ne put toucher l'inflexible Thibaud. L'affection de ce dernier s'était reportée tout entière sur son second fils, Amédée, brave chevalier qui guerroyait au service du roi de France. Amédée périt à la bataille d'Azincourt (1415), ou du moins il disparut dans cette funeste journée, sans que jamais on ait pu savoir ce qu'il était devenu. Néanmoins, l'année suivante, Thibaud, qui ne désespérait point du retour de son fils chéri, l'instituait encore pour son héritier, au préjudice de son aîné, en lui substituant ses deux fils, encore enfants, Antoine et Guillaume (1416).

Thibaud mort, le malheureux Guichard essaya vainement d'entrer en possession de Châtillon. Vainement aussi réclama-t-il la jouissance de ses droits aux exécuteurs testamentaires de son père, et à son frère, Guillaume, moine de Savigny et tuteur des enfants d'Amédée. Ce dernier ne voulut rien entendre; il se mit en possession du château de Châtillon et refusa toute satisfaction à son aîné.

Victime d'une exhérédation injuste qui le privait de toutes ressources, Guichard s'adressa au roi de France auquel il exposa tous les malheurs de sa situation. On lui refusait à la fois la délivrance de ses droits héréditaires dans l'hoirie de ses père et mère, et le payement de la pension alimentaire qui lui avait été allouée par les tribunaux. Un an s'était écoulé depuis la mort de son père et il n'avait été fait aucun droit à toutes ses réclamations. Son château de Châtillon tombait en ruine, faute des réparations les plus nécessaires, et loin de pouvoir obtenir le rachat des rentes aliénées à son préjudice, il se voyait même refuser une somme de 200 florins d'arrérages qui lui était encore due sur sa pension.

Le roi Charles VI fut touché des plaintes du pauvre gentilhomme, et il ordonna au bailli de Macon, par des lettres patentes de l'an 1417, de connaître de cette affaire et de pourvoir à l'exécution de la donation dont se prévalait Guichard. L'effet de l'ordre royal ne se fit pas attendre. Mais aux premières poursuites de son frère, Guillaume d'Albon, tuteur des enfants d'Amédée, s'adressa de son côté au roi pour obtenir un délai de grâce. L'âge de ses jeunes pupilles, dont l'aîné avait six ans et demi, et le plus jeune quatre ans seulement; la mort de leur père, tombé sur un champ de bataille, au service du roi ; l'impossibilité de payer de suite les sommes dues à divers créanciers par la succession de leur aïeul ; tels furent les puissants motifs qu'il fit valoir en faveur de ses neveux. La supplique obtint un plein succès, et des lettres du roi données à Creil, le 14 février 1418 (nouv. style), accordèrent un délai d'un an aux enfants d'Amédée d'Albon, aussi bien qu'à leurs cautions, pour payer toutes leurs dettes et répondre à toutes les actions dirigées contre eux.

Cet avantage obtenu ne suffit point à l'habile moine, qui se montra aussi inexorable que son père lui-même pour son frère Guichard. Ce dernier avait malheureusement embrassé le parti du roi, qui se trouvait alors aux mains des Anglais. Guillaume s'en prévalut auprès du Dauphin, qui prenait le titre de régent du royaume. Grâce aussi au souvenir de la mort glorieuse d'Amédée d'Albon, il ne lui fut pas difficile d'obtenir de nouvelles lettres d'Etat, portant la date du 16 mars 1419 (nouv. style), pour retarder encore l'exécution des obligations qui incombaient aux enfants de ce dernier.

Ce fut au moyen de ces délais successifs que Guillaume d'Albon parvint à échapper aux réclamations de Guichard. Car depuis cette époque, il n'est plus fait aucune mention de ce seigneur de Châtillon, qui ne put jamais entrer en possession de sa seigneurie. Soit que sa mort fût venue mettre un terme à ses prétentions, soit qu'il ait transigé avec ses neveux, cette terre demeura définitivement aux enfants d'Amédée d'Albon, conformément au testament de leur aïeul (1).

Guillaume, le plus jeune, avait été institué conjointement avec son aîné, Antoine. Mais on ignore quelle fut sa destinée. On ne sait rien de lui, sinon qu'il vivait encore en 1434 et qu'il portait à cette époque la qualification de damoiseau et le titre de co-seigneur de Bagnols. C'est ce que

---

(1) Mazures de l'Isle Barbe, p. 184 et s.

nous apprend le testament de Jean de Thélis, seigneur de Charnay et de Lespinasse, qui porte la date du 19 septembre 1434, et dans lequel Guillaume est institué par substitution, conjointement avec son frère Antoine. Mais cette substitution fut sans effet, les institués du premier degré ayant eu des héritiers directs (1).

Depuis cette époque, il n'est plus fait aucune mention de Guillaume d'Albon, et Châtillon d'Azergues avec Bagnols devint l'apanage exclusif de son frère Antoine d'Albon.

Ce fut du temps de ce dernier que le duc de Bourbon, qui était en même temps comte de Forez et seigneur de Beaujolais, prétendit à la suzeraineté de Châtillon d'Azergues, de Bagnols et de plusieurs autres fiefs, que le traité de 1173 avait placés dans le domaine de l'Eglise de Lyon et qui depuis cette époque n'avaient jamais cessé de relever du chapitre. Pour résister à ces prétentions injustes, il fallut l'intervention du sénéchal de Lyon qui, par un acte du 4 avril 1459, fit défense au seigneur de Châtillon, ainsi qu'aux possesseurs des autres fiefs contestés, de rendre au duc de Bourbon un hommage qui n'était dû qu'à l'Eglise de Lyon (2).

La fille unique d'Antoine d'Albon, Jeanne, fut mariée, le 16 février 1453, à Roffec de Balzac, au nom duquel il fit renouveler les terriers de Châtillon, en 1464. Roffec de Balzac appartenait à une ancienne famille de l'Auvergne qui avait emprunté son nom à la petite ville de Balzac, près de Brioude. Son premier auteur connu, Odon, seigneur de Balzac, vivait en 814, sous Louis le Débonnaire. Ce ne fut qu'au XVe siècle que les Balzac quittèrent leur manoir patrimonial pour suivre nos rois dans nos guerres contre les Anglais. Mais depuis cette époque, ils ne s'é-

---

(1) Mazures de l'Isle Barbe, p. 588.
(2) De la Mure. *Histoire des ducs de Bourbon et des comtes de Forez*, publiée par M. de Chantelauze, II, p. 252.

loignent plus de la cour et nous les voyons s'allier aux meilleures familles de France. Roffec de Balzac, deuxième du nom, époux de Jeanne d'Albon, était fils de Jean, seigneur d'Entragues, d'Antoing, etc., qui avait consacré une partie de sa fortune à aider Charles VII à expulser les Anglais de notre territoire. Sa mère était Agnès de Chabannes, fille de Jacques de Chabannes, seigneur de la Palisse, grand-maître de France (1).

La générosité des Balzac pour la royauté, aux jours d'épreuves, fut loin de nuire à leur fortune, et depuis cette époque, les membres de cette famille comptèrent pendant longtemps au nombre des favoris de nos rois.

L'énumération des terres possédées par Roffec de Balzac forme une longue liste. Tous les actes lui donnent le titre de seigneur de Glisenove, Bensac, Saint-Amand, Prelat, Paulhac, Rioumartin, Seveirac, Rosières, Cusset, Montmorillon et Saint-Clément. C'est à toutes ces possessions qu'il ajouta encore la seigneurie de Châtillon d'Azergues et de Bagnols, par son mariage avec Jeanne d'Albon, et celles de Marsillac et de Cassaignes, confisquées sur Jean, comte d'Armagnac, et dont le roi Louis XI lui fit don en 1472.

Roffec de Balzac possédait en outre à Lyon le fief de la Rigaudière, qui était situé sur l'emplacement de l'ancien arsenal. Après avoir appartenu, à l'origine, à la famille de Rigaud, qui lui donna son nom, ce fief avait passé aux mains des de Varey; l'un d'eux en fit donation, en 1466, aux Jacobins, qui le vendirent à un banquier célèbre, Franciscain de Norry, et c'est de ce dernier que Roffec de Balzac en fit l'acquisition. Plus tard, l'un de ses fils le vendit au roi; mais ce ne fut qu'en 1536, sous François 1er, que l'on en fit le dépôt d'artillerie (2).

(1) La Chesnaye des Bois. I, p. 676. — P. Anselme. Histoire des grands officiers de la couronne. II, p. 437.

(2) Cochard. *Description historique de Lyon*, p. 60.

A ses titres seigneuriaux, Roffec de Balzac joignait encore les fonctions les plus diverses. Il était chambellan, ou comme on disait alors, varlet de chambre du roi, sénéchal de Nîmes et de Beaucaire, capitaine de cent hommes d'armes et de 4,000 francs archers, gouverneur du Pont-Saint-Esprit, et chevalier de l'ordre de Saint-Michel.

Sa mort arriva le 25 octobre 1473; il fut inhumé dans l'église de Saint-Julien de Brioude, à laquelle il avait légué 2,000 écus pour l'achat d'une cloche et la fondation de quatre vicaires, d'une chapelle et d'une messe annuelle.

De son mariage avec Jeanne d'Albon, Roffec de Balzac laissa:

1º Roffec de Balzac, qui suit;

2º Geoffroy, seigneur de Châtillon, après la mort de son frère;

3º Anne, qui épousa Guillaume de Joyeuse, fils de Tanneguy de Joyeuse et de Blanche de Tournon;

4º Marie, femme de Louis Mallet, seigneur de Graville, de Marcoussis, Milly, Montagu, Fontenay et Bois-Malherbe, amiral de France;

5º Philippe ou Philippine, que quelques auteurs disent fille de Robert de Balzac et qui fut mariée à Louis de Montlaur et de Maubec, en 1497;

6º Marguerite, femme de Philippe de Lespinasse, seigneur de Maulevrier;

7º Antoinette, religieuse de l'ordre de Fontevrault, à Varinville (1).

Roffec, troisième du nom, fils aîné de Roffec II et de Jeanne d'Albon, leur succéda dans la possession de Châtillon d'Azergues. Comme son père, il fut aussi conseiller et chambellan du roi et sénéchal de Beaucaire. Au mois d'août 1474, Jeanne d'Albon, sa mère et tutrice, approuva le legs fait, par son mari défunt, à Bernard de la Broille,

---

(1) P. Anselme. Histoire des grands officiers de la couronne, II. 437. — La Chesnaye des Bois. I, 676.

son domestique, avec l'assistance des frères de Roffec II : Antoine de Balzac, évêque de Valence et de Die et prieur d'Ambierle; Pierre de Balzac, abbé de Vézelay; Louis, commandeur de Merroles de l'ordre de Saint-Antoine, et Robert, chevalier, seigneur d'Entragues, sénéchal d'Agénois. La même année, Roffec de Balzac achetait d'Urbain Terrail, fils d'Yves Terrail et de Françoise Jossard la part de la terre de Châtillon que possédait le vendeur du chef de sa mère, au prix de 800 écus d'or qui lui furent payés, en onze tasses d'argent pesant 45 marcs et 500 écus d'or, par noble Humbert de Varey, élu du roi et trésorier de Lyon, seigneur de Belmont, le 8 octobre 1474. C'est ainsi que la seigneurie de Châtillon, qui avait été divisée pendant plus de deux siècles, fut enfin réunie dans les mains d'un seul seigneur (1).

Quelques années plus tard, nous voyons Roffec III donner quittance à Jean le Gendre de 30 livres pour un quartier de ses gages, en qualité de capitaine de 30 lances (23 août 1489). C'est là le dernier souvenir que nous ayons de ce seigneur. Il mourut la même année sans postérité, et Châtillon, avec la plupart de ses autres terres, passa à son frère puîné, Geoffroy, seigneur de Montmorillon et de Saint-Clément en Bourbonnais.

Elevé à la Cour, comme page du roi Charles VIII, Geoffroy eut, comme son père et son aïeul, une large part dans les faveurs royales. Il remplit aussi à la cour les fonctions de conseiller et chambellan du roi. En 1484, Charles VIII avait créé en sa faveur une foire au bourg de Saint-Clément. Quatre ans plus tard, il reçut du même prince tous les biens confisqués sur Jean Boudet (1488).

Geoffroy épousa Claude Le Viste, fille aînée de Jean Le Viste, seigneur d'Arcy, premier président à la Cour des Aides, et de Geneviève de Nanterre. Cette alliance avec une famille lyonnaise, célèbre dans nos annales consulaires,

---

(1) Mazures de l'Isle Barbe, p. 190, 595 et 598.

semble l'avoir fixé plus que ses prédécesseurs dans nos contrées. Geoffroy résida souvent à Châtillon et c'est à lui que l'on attribue les restaurations luxueuses du château et de la chapelle qui datent de cette époque : les deux façades du midi et du nord du château, les peintures de la salle de justice, la chapelle élevée sur le côté gauche de l'église seigneuriale et la façade ornementée de ce dernier monument. Et ceci est confirmé par la présence des armes de Geoffroy de Balzac et de son épouse Claude Le Viste, qui figuraient autrefois, à plusieurs reprises, sur les murs du château, et par l'écusson des Balzac que l'on voit encore sculpté sur la première porte d'entrée du vieux manoir, aussi bien que par le style de ces diverses restaurations.

Tous les historiens racontent comment, en 1496, pendant le séjour du roi Charles VIII à Lyon, Geoffroy de Balzac fut emporté dans le Rhône par un cheval fougueux; tous nous apprennent comment il dut son salut à un vœu à Notre-Dame-des-Célestins de Lyon. Sauvé miraculeusement de la mort, Geoffroy fit placer dans l'église de ce couvent un tableau au bas duquel on lisait le récit de cet événement (1).

Geoffroy rendit hommage pour les terres et seigneuries de Montmorillon et de Saint-Clément, en 1506. Il testa le 9 juin 1509 et mourut le 9 janvier de l'année suivante (2),

---

(1) Mazures de l'Isle Barbe, p. 659. — P. Anselme. *Histoire des grands officiers de la couronne*, II, p. 437. — La Chesnaye des Bois, I, 676. — *Histoire et miracles de Notre-Dame-des-Bonnes-Nouvelles aux Célestins de Lyon*, par le R. P. Benoît Gonon, Lyon, 1659. — Le chapitre XI de ce dernier ouvrage, dont l'unique exemplaire connu se trouve à la bibliothèque Mazarine, est ainsi intitulé : *Comme le chevalier de Balzac estant tombé dans le Rhosne avec son cheval implora l'aide et le secours de N.-D. de Bonnes-Nouvelles, et par ce moyen sortit sain et sauf.* (V. *Lyon ancien et moderne*, I, p. 344).

(2) Cette date peut sembler d'abord contredite par l'inscription tumulaire de Geoffroy de Balzac qui fixe sa mort au 9 janvier 1509. Mais cette inscription a été dressée d'après le vieux style qui faisait commencer l'an-

sans laisser de postérité de sa femme Claude Le Viste, qu'il fit son héritière. Il fut inhumé dans la chapelle seigneuriale de Châtillon. L'inscription de sa pierre tombale, sur laquelle il est représenté en costume de chevalier, lui donne les titres de chevalier, de seigneur de Balzac et de Châtillon *et de premier varlet de chambre du roy Charles VIII.*

Devenue veuve, Claude Le Viste se remaria à un parent de Geoffroy de Balzac. Elle épousa Jean de Chabannes, seigneur de Vandenesse, chambellan ordinaire du roi, sénéchal du Valentinois et capitaine de 50 lances. Jean de Chabannes était frère de Jacques de Chabannes, maréchal et grand-maître de France, et fils de Geoffroy de Chabannes, seigneur de la Palisse, et de dame Charlotte de Prie. Comme tous ceux de sa race, Jean de Chabannes fut un vaillant soldat qui servit noblement son pays ; sa bravoure le fit surnommer le petit lion. Il mourut au mois d'avril 1524, dans la retraite de Rebec, où il tomba à côté du chevalier Bayart (1).

C'est par cette mort glorieuse que se clôt l'histoire des familles chevaleresques qui ont possédé Châtillon au moyen-âge. Pendant toute cette période, nos annales sont demeurées muettes, le plus souvent, sur les faits d'armes de ces vaillants soldats que la royauté trouva à ses côtés sur tous les champs de bataille. Mais les noms de Rebec et d'Azincourt nous disent assez que les seigneurs de Châtillon payèrent largement leur dette de sang à la patrie.

Voici venir maintenant les temps modernes. La scène change ; ce ne sont plus ni les mêmes mœurs, ni les mê-

née à Pâques. Geoffroy de Balzac ayant testé le 9 juin 1509, nous avons cru utile de rectifier la date de sa mort, conformément au nouveau style suivi depuis l'ordonnance de 1564, qui a fixé le commencement de l'année au 1ᵉʳ janvier.

(1) P. Anselme. Histoire des grands officiers de la couronne, VII, p. 131.

mes personnages, et l'histoire de nos vieux châteaux se réduit le plus souvent à une sèche nomenclature de leurs possesseurs. La découverte du Nouveau Monde a donné au commerce un essor inconnu jusqu'alors. C'est l'époque des fortunes rapides et prodigieuses. Désormais, aux familles chevaleresques, décimées par les guerres, vont succéder partout les familles bourgeoises qui, à peine anoblies par les fonctions publiques, se hâtent d'acquérir les terres seigneuriales qui échappent aux vieilles races féodales. C'est ainsi que Châtillon passa des mains de la veuve des Balzac et des Chabannes en la possession de la famille Camus.

S'il faut en croire les manuscrits de Guichenon, que possède la bibliothèque de l'Ecole de médecine de Montpellier, les Camus étaient originaires d'Auxonne et le premier personnage connu de ce nom serait Nicolas Camus, sieur de Mareil, capitaine et maire perpétuel de cette ville. Son fils Maurice était écuyer et seigneur de Marcilly, de Varade et de Fontaine en 1467; son petit-fils, Pernet Camus, aussi écuyer et maire perpétuel d'Auxonne, et Jean Camus, que nous allons voir en possession de Châtillon-d'Azergues, était le fils de ce dernier (1).

Mais cette généalogie est fort suspecte. Alors même que Guichenon ne nous avouerait pas *qu'elle fut dressée en faveur* de Jacques Camus, seigneur d'Yvours, qui était, de son temps, lieutenant général au bailliage du Bugey, divers indices nous feraient croire que cette famille est bien lyonnaise et qu'elle dut sa fortune au commerce et sa noblesse à l'échevinage. Le nom des Camus apparaît, en effet, à plusieurs reprises sur nos registres consulaires pendant tout le cours du XVe siècle. Il est bien constant, d'autre part, que Jean Camus s'enrichit dans le commerce de l'épicerie. Or, pour quiconque s'est pénétré des idées de cette époque, il est de toute invraisemblance que le fils

---

(1) Manuscrits de Guichenon, vol. VIII, n° 33, — XXIII, n° 46, — XXVI, n° 35.

d'un *écuyer*, qualification qui fait supposer, dans ce temps-là, une noblesse ancienne, ait consenti à déroger ainsi en exerçant ce genre de commerce. Il est donc à présumer que Pernet Camus, que Guichenon donne pour père à Jean Camus, sans doute d'après des renseignements inexacts, n'était autre que Pierre Camus que les manuscrits du P. Menestrier nous montrent exerçant la profession de teinturier à Lyon, en 1522.

Quoi qu'il en soit, dès le commencement du xvi$^e$ siècle, les Camus furent revêtus des premières charges municipales dans notre cité. Cette famille a fourni trois conseillers de ville et un prévôt des marchands. Une fois parvenus à la noblesse, ses membres ont contracté alliance avec les familles les plus honorables. Très-nombreux, les Camus formèrent plus tard huit branches, dont l'une, celle des Pontcarré, s'établit à Paris et donna plusieurs magistrats au Parlement. C'est aussi à cette même famille qu'appartenait Jean-Pierre Camus, évêque de Belley, l'ami de saint François de Sales.

Telle était l'origine de Jean Camus, que nous voyons en possession de Châtillon-d'Azergues et de Bagnols dès l'année 1539. D'heureuses spéculations dans le commerce de l'épicerie lui avaient fait acquérir une fortune considérable. Il fut l'un des marchands épiciers qui signèrent les ordonnances du grabeau ou du grabelage le 3 avril 1519 (1). Nous le voyons aussi figurer en 1521 au nombre des maîtres de métier pour l'épicerie. Il fut échevin en 1523, 1524, 1534 et 1535. Et telle fut la source de sa noblesse (2).

Riche et généreux, Jean Camus figure sur la liste des

---

(1) Le grabeau était un droit qui se levait à la douane, au profit du consulat, sur les drogues et épiceries, pour empêcher l'introduction des marchandises de mauvaise qualité et nuisibles à la santé publique. (V. Dagier. *Hist. du Grand Hôtel-Dieu*, I, p. 83.)

(2) V. de Valous. *Les origines des familles consulaires.* — Cochard, *Archives historiques du département du Rhône*, II, p. 289.

bienfaiteurs de l'Hôtel-Dieu, auquel il donna, en 1534, une maison estimée 15,405 livres. Parvenu à la noblesse et devenu conseiller et secrétaire du roi, en 1549, Jean Camus employa son immense fortune à l'acquisition de plusieurs terres seigneuriales. C'est ainsi qu'il devint seigneur de Feugerolles par un acte de vente à charge de réméré qui lui fut consenti par Claude de Lévis, le 9 avril 1567. Ce fut sans doute par suite d'un acte de même nature qu'il devint possesseur de Châtillon-d'Azergues et de Bagnols. Claude Le Viste n'avait eu aucun enfant de ses deux maris et il est à présumer que ces deux terres furent aliénées, soit par elle, soit par ses héritiers. Le fief de Pontcarré et celui d'Arginy, près de Charantay, lui appartenaient également, du chef de sa femme, Antoinette de Vinols, fille d'Antoine de Vinols, seigneur d'Arginy, et de N. Grolier, qu'il avait épousée le 25 janvier 1520. Enfin, Jean Camus était encore seigneur de Vaise, de la Roche et de Saint-Bonnet. Mais, à cette époque, le fief de Châtillon avait bien perdu de son importance, car, lors de la levée du ban et de l'arrière-ban du 15 juillet 1545, il ne fut tenu de fournir que trois hommes seulement (1).

En 1560, Jean Camus fut député à la Cour par le Consulat lyonnais, pour faire au roi un tableau de la situation du protestantisme à Lyon, et l'assurer du dévoûment des habitants de notre ville (2). Il testa le 13 juin 1568 et mourut le 28 juillet suivant, à l'âge de 80 ans. Il fut inhumé à Lyon, dans la chapelle de saint Claude de l'église de Saint-Laurent, aujourd'hui détruite. Antoinette de Vinols, son épouse, décédée le 11 août 1576, fut ensevelie dans le même tombeau, sur lequel on lisait l'épitaphe suivante :

« *Cy gist noble Jean Camus, seigneur de la Roche, Veyse, Chastillon et Bagnols, secrétaire du Roi, maison et couronne de France, qui trespassa le 28 juillet 1568, et*

---

(1) Archives du Rhône, B. 3.
(2) Clerjon. Histoire de Lyon. V. p. 135.

*damoiselle Antoinette de Vinols, sa femme, dame d'Irgigny, qui trespassa le* 11 août 1576 (1). »

Jean Camus laissa quatre fils qui formèrent autant de branches. L'ainé, Antoine, hérita de Feugerolles et devint la tige des seigneurs de Riverie et du Perron; le deuxième, Jean, fut seigneur de Saint-Bonnet; le troisième, appelé Claude, n'eut pas la moindre part, car il fut seigneur de Châtillon d'Azergues, de Bagnols, d'Arginy, de Frontenas, de Vaise et de la Roche.

En 1562, Claude Camus fut commis, avec son frère Antoine, au recouvrement de la subvention accordée au Roi par le clergé de France, pour le rachat du domaine royal. Pendant l'occupation de la ville par les protestants, le 12 juin 1562, de Blacons, lieutenant du baron des Adrets, fit saisir, entre leurs mains, une somme de 13,000 livres, provenant de ces deniers et les offrit au consulat pour les employer aux réparations des fortifications de la ville; mais cette libéralité fut refusée, par le motif qu'on ne pouvait accepter des sommes qui appartenaient au Roi. Néanmoins, cette saisie illégale paraît avoir arrêté la perception de cette contribution pendant tout le temps de l'occupation de Lyon par les protestants (2).

Claude Camus fut reçu trésorier général de France, le 14 février 1568; la même année, il fut aussi nommé échevin. En 1574, il remplissait les fonctions de conseiller du Roi et de trésorier général de ses finances, comme nous le voyons dans une ordonnance du 23 janvier de cette même année, par laquelle il mande aux receveurs généraux des

---

(1) *Notes et documents de M. Péricaud,* année 1558. — C'est sans doute par suite d'une erreur typographique que ces notes fixent le décès de Jean Camus à l'année 1558. Il résulte, en effet, des manuscrits de Guichenon, aussi bien que d'un titre original reproduit par La Tour-Varan (*Chronique des Châteaux,* I. p. 416), que Jean Camus ne mourut qu'en 1568.

(2) Notes et documents de M. Péricaud, 12 juin 1562. — Clerjon, Histoire de Lyon. V. 172.

finances et fortifications de payer aux consuls et échevins de Lyon la somme de 480 livres, pour les gages de la charge de capitaine et garde des clefs et portes de la ville (1).

Claude Camus, que plus d'un titre qualifie d'écuyer, avait épousé, le 10 février 1564, Anne Grollier, fille de François Grollier de Belair, seigneur du Bois-d'Oingt, et de Françoise de Grillet qui lui donna sept enfants. Il testa le 1er juillet 1587. Son fils aîné, Charles, hérita de la seigneurie de Bagnols; Antoine, le second, forma la branche d'Arginy et Gaspard, le troisième, devint seigneur de Châtillon-d'Azergues.

Ce fut du temps de Gaspard Camus, que la terre de Châtillon reçut le titre de baronnie que nous lui voyons appliqué dès l'année 1628 (2). Gaspard Camus épousa Marguerite de Guillens, fille de Jean de Guillens, seigneur de Puy-Laval, de Vivier et de Montjustin et de Sibylle Garnier des Garets.

Gaspard Camus vivait encore en 1630. Il eut pour successeur, à Châtillon, son second fils nommé aussi Gaspard, qui vivait en 1669, et fournit l'aveu et le dénombrement de la terre de Châtillon le 1er juin 1671. Gaspard Camus mourut sans alliance et laissa Châtillon avec ses dépendances à Jean Gaspard seigneur du Sou, du Breuil et de Fontcrenne, son neveu, fils de Marc Gaspard et de sa sœur Antoinette Camus. Mais le 1er mars 1691, Jean Gaspard vendit, tant en son nom qu'en celui de dame Sibylle-Marie-Anne de Saint-Amour, son épouse, les terres de Châtillon, de Sandars, Bayère et Dorieux, à Maurice Dufournel, écuyer, conseiller et maître des requêtes au parlement de Dombes (3).

Maurice Dufournel appartenait à une famille consulaire

---

(1) Recueil des priviléges des prévôts des marchands, etc., p. 286.
(2) Debombourg. Atlas hist. du départ. du Rhône.
(3) Archives du départ. du Rhône. C. 635. — Mss. de Guichenon, vol. XXVI. N° 35. Armorial de Claudine Brunand.

de Lyon, qui posséda plus tard la terre du Breuil et fournit plusieurs magistrats au parlement de Dombes. Lui-même avait été pourvu de l'office de maître des requêtes le 30 octobre 1670. De son mariage avec Marie de Bérard il eut une fille, Marie Pernon Dufournel qui fut mariée, le 10 décembre 1682, à Jean-Baptiste Inguimbert de Pramiral, capitaine au régiment du Lyonnais, major de la ville de Lyon et commissaire des guerres, fils de Pierre Inguimbert de Pramiral et de Marguerite du Serre, qui devint ainsi, après Maurice Dufournel, seigneur de Châtillon d'Azergues et de Bayère.

La famille Inguimbert était originaire de Vienne en Autriche. Jean Inguimbert vint le premier se fixer, vers 1470, en Provence, où il épousa Gabrielle des Baux, qui appartenait à l'une des maisons les plus illustres du pays.

A sa mort, Jean-Baptiste Inguimbert de Pramiral, seigneur de Châtillon, laissa cette terre avec celle de Bayère à son fils aîné Camille, chevalier de Saint-Louis et capitaine au régiment de Sourches, qui porta le titre de baron de Châtillon.

Ses autres enfants furent :

1° Jean-Marie Inguimbert de Pramiral, lieutenant colonel au régiment de Penthièvre-infanterie, chevalier de Saint-Louis, mort le 30 juin 1767, marié à Metz, en 1720, avec Marguerite-Pétronille d'Herbellet, dont il eut : 1° Jean-Camille, 2° Marie-Esther, 3° Marie-Anne, 4° Marguerite-Charlotte.

2° Guillaume, mort capitaine au régiment de Sourches-infanterie.

3° Marie-Anne, mariée le 22 septembre 1721, à Henri de la Rochette de Baubigneux, seigneur de Bonneville.

4° Geneviève, mariée à Pierre-Jean-Baptiste de Luzy, seigneur des Bordes la Fayolle (1).

Camille de Pramiral, baron de Châtillon, épousa, le 19

---

(1) La Chesnaye des Bois, VIII, 231.

août 1719, Elisabeth Chappuis, fille de Jean Chappuis, seigneur de la Fay, près de Larajasse, et de Catherine Bailly. Ce fut du temps de ce seigneur que fut bâtie l'église de Châtillon. Jusqu'alors la chapelle inférieure du château avait servi d'église paroissiale, sous le vocable de Saint-Barthélemy. Mais l'accès en était difficile pour les habitants du bourg de Châtillon. C'est pourquoi Camille de Pramiral fit construire, en 1722, au pied de la montagne, l'église actuelle qu'il dédia à saint Camille, son patron. Au surplus, dès cette époque déjà, le séjour du château de Châtillon semble avoir été abandonné par ses seigneurs qui lui préféraient celui de Bayère, bâti sur un plan tout moderne et dont les dispositions intérieures satisfaisaient mieux aux habitudes de luxe du siècle dernier.

Camille d'Inguimbert rendit hommage pour Châtillon d'Azergues, le 22 juillet 1726, et fournit aveu et dénombrement de son fief le 31 juillet 1732. L'énumération des possessions territoriales et des droits seigneuriaux, compris dans cet aveu, nous fournit les renseignements les plus précis sur la fortune et le degré d'opulence des seigneurs de Châtillon, au siècle dernier, et à ce titre, ce document mérite de figurer ici.

A cette époque la seigneurie de Châtillon comprenait : 1° le bourg et le château de Châtillon, dans l'enceinte duquel se trouvait un jardin de la contenance de deux bicherées ; 2° deux terres et une vigne situées au nord du château, de la contenance de 30 journées d'hommes ; 3° deux autres vignes, appelées, l'une la Suzella, et l'autre d'Eparcieux, de la contenance de 40 journées d'homme; 4° quatre prés situés au-dessous du château, le long de la rivière d'Azergues, produisant environ 300 quintaux de foin ; 5° un moulin appelé Baillod, affermé 200 livres ; 6° un bois de 80 bicherées appelé la Pérouze ; 7° deux autres bois, l'un appelé du Four et l'autre Barjot, de la contenance de 40 bicherées les deux ; 8° une rente noble de 300 bichets de tous grains, mesure de Châtillon, 100 poules, 30 livres en argent, 4 ânées de vin et une quarte d'huile ; 9° les droits de pêche et de chasse dans ladite terre, d'abenevis ou de prise d'eau ; 10° le droit de ban d'août et de leyde aux quatre foires qui se tenaient sous les halles de Châtillon (1) ; 11° les fiefs de Sandars, dont le revenu annuel était de 300 livres, de Coleymieux dont le possesseur était tenu à foi et hommage; la rente de la Reynière et celle de Thélis ; 12° le château de Bayère avec le domaine de la basse cour, composé d'un jardin de la contenance de quatre bicherées, de 140 journées de vigne, de 120 bicherées de terre labourable, de 50 bicherées de bois taillis, de 40 bicherées de pré, le tout situé dans la paroisse de Charnay, et du revenu annuel de 800 livres environ. Camille de Pramiral possédait en outre une rente noble qui se percevait à Lyon, dans la rue Thomassin, et un fief situé dans la paroisse de Charly.

Enfin, le même document nous apprend que le personnel des officiers de justice de Châtillon se composait, à la même époque, d'un juge gradué, d'un châtelain, d'un procureur d'office, d'un greffier, de plusieurs procureurs postulants, d'un huissier, d'un geôlier de la prison et de plusieurs notaires et sergents. La haute justice, appartenant au seigneur, comprenait la paroisse de Châtillon et une partie de celle de Charnay, dont l'autre moitié relevait des comtes de Lyon (2).

Camille de Pramiral mourut au plus tard en 1737, car cette même année, Elisabeth Chappuis était déjà veuve et rendait hommage pour la seigneurie de Châtillon, comme tutrice de ses enfants. Le même hommage fut encore re-

---

(1) Le droit de ban d'août ou de banvin avait été aboli par la charte de franchises de 1260 ; il avait donc été rétabli depuis, à une époque inconnue. — Quant au droit de leyde, on sait que c'était une taxe levée par les seigneurs sur les marchandises apportées dans les foires et les marchés.

(2) Archives du Rhône. C. 635.

nouvelé par elle, en qualité de tutrice et de curatrice de ses enfants, pour les terres et seigneuries de Châtillon, Sandars et Bayère, le 29 juillet 1743 (1).

De son mariage avec Elisabeth Chappuis, Camille de Pramiral ne laissa que cinq filles :

1º Marie Inguimbert de Pramiral, qui porta le titre de baronne de Châtillon et fut mariée, le 29 novembre 1745, à Augustin, comte de Foudras ; mais elle mourut l'année suivante, sans postérité.

2º Françoise, religieuse de Sainte-Claire, à Montbrison.

3º Marie-Françoise, religieuse à la Visitation de la même ville.

4º Catherine-Françoise-Blandine, mariée, le 15 janvier 1755, avec Louis de Luzy de Pellissac, seigneur de Bresson, paroisse de Moissieux en Dauphiné, ancien capitaine au régiment de Bretagne-infanterie et chevalier de Saint-Louis.

5º Marie-Anne, mariée, le 18 juillet 1757, à Claude-Ferdinand, marquis de Foudras (2).

Mais dès le 8 septembre 1753, Elisabeth Chappuis de la Fay vendait, en qualité d'héritière de son mari, les terres de Châtillon et de Bayère, à Paul Durand, écuyer, conseiller, secrétaire du roi, qui rendit hommage pour sa seigneurie, le 24 septembre 1753, et donna aveu et dénombrement de son fief, le 4 mars 1758 (3). Ce dénombrement des biens possédés à Châtillon par Paul Durand est semblable à celui fourni en 1732 par Camille de Pramiral. Nous y voyons seulement qu'il possédait de plus que ses devanciers une chapelle et un banc dans l'église de Charnay et un grand pré appelé Baronnat, de la contenance de 90 bicherées et du revenu annuel de 500 livres environ.

(1) Archives du Rhône. C. 628. — Noms féodaux.
(2) La Chesnaye des Bois, VIII, 231.
(3) Archives du Rhône. C. 631. — Voir cet aveu aux pièces justificatives, nº 2.

Nous ne savons si Paul Durand, qui posséda aussi la terre de la Flachère, près de Saint-Véran, appartenait à l'ancienne famille consulaire de ce nom qui fournit des conseillers de ville dès le commencement du xve siècle. Mais il est à présumer au moins qu'il était proche parent de Jean-Armand Durand, échevin en 1781 et 1782, et juge de la seigneurie de Châtillon d'Azergues en 1787 et les années suivantes (1).

Paul Durand, seigneur de Châtillon et de Bayère, eut pour successeur Simon-Jean-César Durand, qui fut reçu trésorier de France à Lyon, le 7 août 1769, et qui figure à l'assemblée générale de la noblesse de 1789 sous le titre de chevalier et de *seigneur du fief de Châtillon*. Son fils hérita de la terre de la Flachère et sa fille, Marie-Bonne-Antoinette Durand, porta la terre de Châtillon en dot à Pierre-Anne, marquis de Chaponay, seigneur de Morancé, premier page de la comtesse d'Artois en 1780, et lieutenant-colonel de cavalerie sous la Restauration. Leur fils aîné, César-François, marquis de Chaponay, est aujourd'hui possesseur de ce qui reste du vieux château de Châtillon.

### § II. Les co-seigneurs de Châtillon d'Azergues.

La seigneurie de Châtillon d'Azergues, comme on l'a déjà vu, eut la singulière destinée d'être possédée, pendant plusieurs siècles, par deux seigneurs. Cette situation particulière complique grandement l'histoire de ce fief ; aussi a-t-on confondu souvent les co-seigneurs de Châtillon avec les principaux possesseurs de cette seigneurie. Mais de quelle manière ces divers co-seigneurs jouissaient-ils de ce fief ? Leurs droits s'étendaient-ils indivisément sur l'ensemble de la seigneurie, ou bien l'exerçaient-ils dans des limites déterminées ? A qui appartenaient les

---

(1) Voir les **Almanachs** astronomiques et historiques de la ville de Lyon de l'année 1787 et années suivantes.

droits de juridiction? Le château de Châtillon servait-il à l'habitation des co-seigneurs? Ce sont là autant de questions auxquelles il est impossible de répondre.

Dès le milieu du xıı⁰ siècle, alors que Châtillon est possédé par les seigneurs d'Oingt, la moitié de la seigneurie est aux mains de la puissante famille d'Albon. André d'Albon, qui vivait en 1250, et mourut seulement en 1290, la possédait conjointement avec Etienne d'Oingt, qui octroya une charte de franchises aux habitants de Châtillon. La donation que fit André d'Albon de sa part de seigneurie à son troisième fils Henri, engendra une querelle entre ce dernier et ses frères Guy et Guillaume, possesseurs du surplus de cette terre, du chef de leurs femmes, filles d'Etienne d'Oingt. La transaction qui mit fin au différend divisa Châtillon entre les trois frères (1303). Mais Henri vendit sa part à son frère Guillaume, et Guy d'Albon en fit autant au profit d'un acquéreur inconnu, que nous croyons être l'un des membres de la famille de Varey (1).

La maison de Varey était une ancienne et puissante famille consulaire de Lyon qui joua un grand rôle dans les annales de notre cité. Les testaments de ses membres, consultés par l'auteur des *Origines des familles consulaires*, ne renferment aucune qualification nobiliaire. Mais déjà, au commencement du xıv⁰ siècle, la branche des seigneurs de Châtillon d'Azergues et d'Avauges était parvenue à la noblesse et avait cessé tout rapport avec la commune (2). En 1306, Guillaume de Varey acquit de Jean de Varennes une rente noble située à Varennes, à Saint-Forgeux, Saint-Romain-de-Popey, Villechenève, Ancy, Avauges, Montrotier, Longessaigne et généralement tout ce que possédait ce dernier depuis la Saône jusqu'au pont d'Alaï, pour le prix de 3,000 livres (3).

---

(1) Mazures de l'Isle Barbe, p. 132, 178, 191.
(2) V. de Valous. Origines des familles consulaires. V⁰ Varey.
(3) Mazures de l'Isle Barbe, p. 617.

Ce fut sans doute à la même époque que la part de seigneurie de Châtillon, aliénée par Guy d'Albon, dut passer entre leurs mains. Malheureusement l'acte d'opposition aux Philippines, de l'an 1311, se borne à signaler la présence du co-seigneur de Châtillon, en même temps que celle de Guillaume d'Albon, sans nous donner son nom. Dans l'assemblée réunie à Lyon, par Renaud de Sainte Bonne, le 2 août 1313, pour fixer les limites du ressort de la sénéchaussée, nous voyons encore figurer ce co-seigneur, mais seulement sous la dénomination de *Jean, seigneur de Châtillon d'Azergues* (1). Mais il est à présumer qu'il s'agit là de Jean de Varey.

Au surplus, rien d'obscur comme l'histoire de cette famille. Elle a formé un si grand nombre de branches qu'il est impossible d'en dresser la filiation. Nous pouvons affirmer seulement que la branche de Châtillon était la même que celle des seigneurs d'Avauges. Ainsi Jean de Varey, chevalier, co-seigneur de Châtillon d'Azergues au xiv° siècle, était fils d'Ennemond de Varey, seigneur d'Avauges (2). En 1369, ce même Jean de Varey vendit le tènement de Bellecour à Jean le Viste, docteur en droit, pour le prix de 1600 deniers d'or appelés francs (3). Dans son testament, qui porte la date du 17 mars 1381, nous voyons que la famille de Varey avait son tombeau dans l'église de Saint-Paul de Lyon. Jean de Varey institua pour héritier son fils François, auquel il substitua Jean de Varey, fils de Messire Ennemond de Varey, son cousin. Rien ne prouve que François de Varey ait été seigneur de Châtillon d'Azergues et il y a même apparence que la substitution faite au profit de Jean de Varey se réalisa. Car le testament de Mathieu de Varey, chanoine de Saint-

---

(1) Menestrier, *Hist. civile et consul*. Preuves, p. 88.
(2) Mazures de l'Isle Barbe, p. 278.
(3) Inventaire des titres de l'abbaye d'Ainay (Biblioth. Coste, n° 25650). Menestrier. Hist. civ. et consul., p. 500.

Paul, du 19 février 1395, nous apprend qu'à cette date, Jean de Varey son neveu, était décédé et que le frère de ce dernier, Ennemond de Varey, était à la fois seigneur d'Avauges et co-seigneur de Châtillon d'Azergues, sans doute comme héritier de Jean de Varey (1).

Mais quand s'ouvre le xv<sup>e</sup> siècle, les de Varey ont disparu de Châtillon d'Azergues et nous voyons leur part de seigneurie aux mains des Jossard. Ces derniers appartenaient à la bourgeoisie de Lyon ; mais on ne voit figurer leur nom ni dans les fastes consulaires ni sur les listes des maîtres de métiers, et il est à présumer qu'ils durent leur noblesse à un office de conseiller du roi, dont Hugues Jossard portait le titre, en même temps que celui de co-seigneur de Châtillon, dès l'année 1405.

L'histoire de Hugues Jossard se rattache intimement à celle de nos mines du Lyonnais. On sait que l'exploitation des mines n'était point autrefois une cause de dérogeance pour la noblesse ; ainsi nous l'apprend notamment une ordonnance de l'an 1548 du roi Henri II, et cette disposition ne faisait sans doute que reproduire une règle plus ancienne. Quoi qu'il en soit, il est certain que dès les dernières années du xiv<sup>e</sup> siècle, Hugues Jossard, qu'un document qualifie de *bachelier* et un autre seulement de *bourgeois de Lyon*, avait découvert une mine de plomb à Brullioles, et que cette découverte fut suivie quelque temps après de celle d'une autre mine à Sourcieux, près de Sain-Bel (2). La première était située près de la petite rivière de Cône, qui descend de la montagne de Montchanin, passe à Brullioles et se jette dans la Brevenne, au-dessous de Brussieux. Mais les débuts de cette entreprise furent difficiles et Hugues Jossard fut forcé un moment de l'abandonner.

(1) Archives du départ. du Rhône: Extraits des Causes pies : Mss. de Cl. Le Laboureur.

(2) Poyét. Documents pour servir à l'histoire des mines des environs de Lyon, p. 24. — V. les mémoires de l'Académie de Lyon, année 1861.

Nous le voyons ainsi, en 1403, faire remise à Etienne d'Espinac et à sa sœur Alix, femme de Guillaume d'Albon, chevalier, seigneur de Saint Forgeux, de toutes les mines d'argent, plomb, cuivre et autres métaux trouvés dans les terres sises au puy (*in podio*) de Montchanin, juridiction de Montrotier. Et le motif de cet abandon était que « Hugues « Jossard ne pouvait plus travailler dans lesdites mines « et qu'il y avait péril évident » (1).

Mais quelques années plus tard, Hugues Jossard put reprendre ses travaux. Dans un savant mémoire couronné, en 1861, par l'Académie de Lyon, M. Poyet, ingénieur des mines, avait supposé que ce fut à l'aide d'une association avec Jacques Cœur. Ce n'était là qu'une simple présomption. Mais la découverte faite aux Archives départementales par M. Vital de Valous du testament de Jean Jossard, fils de Hugues, vient confirmer à cet égard les conjectures du savant ingénieur. Ce document nous apprend, en effet, que les mines découvertes et exploitées par Hugues Jossard le furent aussi par Jacques Cœur. Outre les mines de Chessy, de Saint-Pierre-la-Palud et de Joux sur Tarare, il est certain que l'illustre argentier posséda celles de Cône et de Sourcieux. Or ces deux mines avaient été découvertes par Hugues Jossard, et la première, au moins, était encore dans sa famille, plusieurs années après la disgrâce de Jacques Cœur. Car dans son testament, en date du 3 novembre 1464, Jean Jossard seigneur de Châtillon d'Azergues et de Coleymieux donne à ses deux filles, Françoise et Jeanne, le revenu de ses mines de *Cona* et du Mont (2).

L'association de Jacques Cœur avec les Jossard, pour l'exploitation des mines de Sourcieux et de Brullioles, nous

---

(1) Archives du départ. du Rhône. Registre B. H. 23 (n° 57, p. 23). Voir le mémoire de M. Poyet, p. 24.

(2) Il s'agit là sans doute de la montagne de Montchanin dont il est parlé dans la pièce citée précédemment. — Archives du départ. du Rhône. Extrait des causes pies : Mss. de Cl. Le Laboureur.

paraît donc aussi certaine que celle qu'il avait contractée avec les Baronnat pour les mines de Joux sur Tarare.

Dans son étude historique si remarquable sur Jacques Cœur, M. Pierre Clément estime que les mines du Lyonnais ne furent point l'une des sources de la grande fortune de l'habile financier, et que, s'il ne les abandonna point, ce fut à cause du prestige qui s'attachait à cette exploitation ; ce serait ainsi au commerce seul qu'il aurait dû son extrême opulence (1). M. Poyet n'est point de cet avis ; suivant lui les mines du Lyonnais devaient produire de beaux revenus. Il est vrai qu'après la condamnation de Jacques Cœur ces mines furent mises en régie et exploitées pour le compte du roi, sans donner aucun profit. Mais cet insuccès ne prouve rien. L'exploitation par des agents salariés devait évidemment être plus coûteuse et moins attentive que celle qui ne relevait que de l'industrie privée. Ne sait-on pas aussi que, vers l'année 1475, un des fils de Jacques Cœur exploitait encore les mines du Lyonnais (2) ?

La fortune des Jossard témoigne en faveur de cette dernière opinion. Rien n'autorise à dire qu'ils aient dû leurs richesses au commerce ; si, après un abandon momentané et partiel de leurs mines, ils en reprirent de nouveau l'exploitation, c'est qu'évidemment les produits n'en étaient pas à dédaigner. Aussi les voyons-nous acquérir successivement plusieurs terres seigneuriales. C'est d'abord la co-seigneurie de Châtillon d'Azergues ; car rien ne révèle qu'il y ait eu alliance entre eux et les Varey ; puis c'est la moitié de la seigneurie de Saint-Symphorien-le-Château, avec les droits de juridiction à tous les degrés de cette terre, que Hugues Jossard acheta, le 1ᵉʳ juin 1405, d'Eudes de Tournon, chevalier, seigneur de Beauchâtel et de Serrières, au prix de 3,000 écus d'or (3).

---

(1) P. Clément. Jacques Cœur et Charles VII, p. 119.
(2) M. Poyet. loc. cit., p. 23.
(3) Arch. histor. du Rhône. V. 133. — Mazures de l'Isle Barbe, p. 228

Jean Jossard, chevalier, fils de Hugues, hérita de ce dernier aussi bien de la seigneurie de Saint-Symphorien que de celle de Châtillon d'Azergues. Ce co-seigneur épousa Alix Saporis, sœur de Léger Saporis qui devint évêque de Montpellier, en 1429; de plus Guichenon lui fait épouser, en 1444, Anne de Vaugrigneuse. Enfin, dans son testament déjà cité du 3 novembre 1464, Jean Jossard nous parle d'un traité de mariage qu'il vient de signer avec dame Antoinette de Merlay, en expliquant que ce mariage n'était point célébré encore; mais que s'il avait lieu il donnerait 2500 florins à chacune de ses filles. Dans ce même acte Jean Jossard institue pour héritier son fils aîné Guillaume et il laisse à Françoise, sa fille aînée, sa terre de Châtillon d'Azergues avec la moitié des revenus de ses mines de Cône et du Mont, et à Jeanne son autre fille, la seigneurie de Saint-Symphorien-le-Châtel et l'autre moitié du revenu de ses mines (1).

Cette dernière épousa Guillaume de Laye, seigneur de Saint-Lager. Françoise, héritière de la co-seigneurie de Châtillon, fut mariée à Yves Terrail, seigneur de Bernin, fils de Pierre Terrail, seigneur de Bernin et de Grignon et frère de Théodore Terrail, abbé d'Ainay, auquel le jeune Bayart, son parent, joua le tour de page raconté par le *Loyal serviteur*. Il paraît que dans un codicille, Jean Jossard avait laissé à sa fille Françoise la moitié de sa part de la seigneurie de Saint-Symphorien. Ce droit lui fut contesté par Guillaume de Laye, qui excipait sans doute des termes du testament de Jean Jossard; mais Yves Terrail et son épouse furent maintenus dans la possession du quart de cette terre par un arrêt du 14 août 1469.

Après la mort de Jeanne Jossard, la seigneurie de Châ-

---

et 280. — Dans cet acte, Hugues Jossard est qualifié de *noble et sage* et de *conseiller du roi*.

(1) Archives du départ. du Rhône. Extrait des Causes pies. Mss. de Cl. Le Laboureur.

tillon passa à son fils Urbain Terrail, qui ne la garda pas longtemps ; car dès l'année 1474, il aliéna, comme nous l'avons vu, au profit de Roffec de Balzac, tous ses droits seigneuriaux sur cette terre, pour une somme de 800 écus d'or. Urbain mourut la même année et son père, qui avait hérité de lui de sa part de la seigneurie de Saint-Symphorien, vendit, le 4 janvier 1489, cette dernière terre, à Jean Menon, secrétaire du roi, seigneur du Plessis et de Turbillet, au diocèse d'Angers, moyennant 1300 livres tournois (1).

Depuis cette époque, la seigneurie de Châtillon demeura réunie tout entière dans les mains d'un seul seigneur.

CHAPITRE II. — GÉNÉALOGIES ET ARMORIAL.

Les généalogies de la plupart des familles qui ont possédé Châtillon-d'Azergues sont connues et l'on peut consulter, à leur sujet, les divers ouvrages cités en notes dans le cours de la notice qui précède (2). C'est pourquoi nous nous bornerons à donner ici la filiation encore inédite de la famille d'Oingt et celle des Camus.

I. Généalogie de la famille d'Oingt.

I. Umfred d'Oingt, qui vivait au commencement du xie siècle, est le premier personnage connu de cette famille, qui emprunta son nom patronymique à la petite ville d'Oingt. Une charte de l'an 1079 le qualifie d'aïeul de Falque d'Oingt et de ses frères (Sav. ch. 757).

II. Guichard, son fils, seigneur d'Oingt (*senior de Iconio*),

(1) Archives histor. du Rhône. V. 134. — Mazures de l'Isle Barbe, p. 595 et 598.

(2) Voir notamment, Mazures de l'Isle Barbe, p. 130 et s. — P. Anselme. Histoire des grands officiers de la Couronne, II, p. 437; VII, p. 203 et s. — La Chesnaye des Bois. Dictionn. de la noblesse, I, 676, VIII, 231.

protégea l'abbaye de Savigny contre les tentatives des spoliateurs qui voulaient lui enlever la terre et le village de Saint-Laurent-d'Oingt, donnés au monastère par Gauzerand de Semur (Sav. ch. 915). Guichard laissa quatre fils :

1º Falque, qui suit.

2º Bérard, qui fit, en 1080, donation à Savigny d'une demi-manse située à Chanzé (*Canziacus*), paroisse de Saint-Loup (chap. 768). Ses trois frères approuvèrent cette donation ainsi que ses deux fils : Guichard et Guigues. Le nom de ce dernier se trouve dans deux chartes de l'abbaye de Savigny : Dans la première, qui se place vers l'an 1096, Guigues d'Oingt cède au monastère la part qu'il avait sur l'église de Saint-Pierre-de-Chamousset (ch. 817). Dans la seconde, de l'an 1100 environ, il renonce, en faveur de la même abbaye, à tous les droits qu'il pouvait avoir à Ancy et à Saint-Romain-de-Popey (ch. 813). Guigues d'Oingt fut aussi, en 1117, l'un des médiateurs qui ménagèrent une transaction entre l'abbaye de Savigny et Etienne de Varennes (ch. 900).

3º Humbert.

4º Guichard.

III. Falque d'Oingt fut, comme son père et ses trois frères, le protecteur de l'abbaye de Savigny, à laquelle il donna avec ces derniers, en l'an 1079, la chapelle du château d'Oingt, ce qui fut approuvé par Artaud, comte de Forez. Il accorda aussi aux moines la faculté de laisser paître et courir leurs porcs dans ses forêts, avec le droit d'y prendre tout le bois qui leur était nécessaire pour les usages domestiques et pour bâtir (ch. 757). Falque laissa plusieurs fils et plusieurs filles ; mais nous ne connaissons que le nom de son fils Robert, qui suit.

IV. Robert d'Oingt n'imita point son père. Il voulut même dépouiller le monastère de Savigny des biens que lui avait donnés Gauzerand de Semur. Mais une charte de l'an 1128 nous apprend que, sur les avis et les prières de l'abbé, il renonça à ses prétentions injustes et s'engagea, pour lui et ses successeurs, à respecter les possessions de l'abbaye (ch. 915).

Après Robert d'Oingt, il nous est impossible de suivre la filiation, et les documents de l'époque nous fournissent seulement les noms de quelques membres de cette famille, dont nous nous bornons à donner la liste par ordre chronologique :

1° Martin d'Oingt vivait en 1068 et donna à Savigny deux vignes situées près du château d'Oingt : *ad castellum de Yonio* (ch. 773).

2° Gaufred d'Oingt figure comme témoin dans une charte de l'an 1100 (ch. 813).

3° Dalmace d'Oingt est témoin dans une charte de l'an 1121 (ch. 923).

4° Agno d'Oingt est l'un des témoins de la charte qui renferme la renonciation de Robert d'Oingt à ses prétentions sur la terre de Saint-Laurent d'Oingt (1128, ch. 915).

5° Gaucerand d'Oingt était possessionné à Saint-Germain-au-Mont-d'Or vers 1140 (1).

6° Guichard d'Oingt, témoin avec Dalmace de Châtillon dans un acte de donation fait par Guy, comte de Forez, au monastère de la Bénissons-Dieu, le 24 novembre 1160 (2).

7° Guigues d'Oingt, possessionné à Anse, vendit une pêcherie à Hugues de Coligny, archidiacre de Lyon, et se reconnut le vassal de l'église de Lyon en 1195. Il était aussi possessionné à Ternant et vendit, à la même époque,

---

(1) Guigue. *Obituarium Lugdunensis ecclesiæ*, p. 12.

(2) Huillard-Bréholles. Inventaire des titres de la maison de Bourbon, n° 8. — Chaverondier. Invent. des titres du comté de Forez, p. 586.

avec Guillaume de Tarare, la moitié de la garde de Saint-Véran à l'archevêque Renaud (1).

8º Aymon d'Oingt, possessionné aux Chères, vers l'an 1200, vendit à l'archevêque Renaud la moitié de la garde qu'il avait sur le cimetière de Chasselay (2).

9º Pons d'Oingt donna une croix d'or placée sur la châsse de Saint-Jean de Lyon et mourut le 5 mai 1200 (3).

10º Dalmace d'Oingt, témoin : 1º dans un acte de l'an 1203, par lequel Richard, abbé de Savigny, cède à Guichard de Beaujeu la montagne de Popey, avec la faculté d'y construire un château (4), et 2º dans un autre acte de l'an 1209, par lequel Guillaume de Marchampt reconnait tenir en fief de l'église de Lyon tout ce qu'il avait à Saint-Germain, à Curis et à Poleymieux (5).

Pour retrouver la suite de la filiation, il faut arriver à :

I. Guichard d'Oingt, seigneur d'Oingt, de Châtillon d'Azergues et de Bagnols, qui engagea à l'archevêque Renaud son château d'Oingt en 1217, celui de Bagnols en 1220 et 1224, et à l'archevêque Robert, son successeur, son château de Châtillon d'Azergues (1226-1232). Guichard rendit hommage, en 1228, à Guy, comte de Forez, de ce qui lui appartenait à Saint-Marcel-l'Eclairé (6). Il fut père de :

  1º Guichard, seigneur d'Oingt, qui suit.

  2º Etienne d'Oingt, seigneur de Châtillon d'Azergues et de Bagnols, qui vivait en 1247, et mourut avant 1284; épousa Artaude de Roussillon, fille d'Ar-

---

(1) *Obituarium Lugdun. eccles.*, p. 72, 134 et 250.
(2) *Obituarium Lugdun. eccles.*, p. 71 et 136.
(3) *Obituarium Lugdun. eccles.*, p. 43 et 251.
(4) Huillard-Bréholles. Inventaire des titres de la maison de Bourbon, nº 46.
(5) Archives du département du Rhône. Armoire Jonas, vol. 31, nº 1.
(6) Archives du département du Rhône. Armoire Cham, vol. 48, nºs 1, 3 et 6. — *Obituarium Lugdun. eccl.*, p. 134 et 210. — Noms féodaux. Vº *Yconio*.

taud IV, seigneur de Roussillon, et d'Artande de Forez, dont il eut :

1° Guichard, mort jeune.
2° Gilet, vivant en 1285, mort avant 1289.
3° Marguerite, mariée en 1288 à Guy d'Albon, seigneur de Curis, laquelle testa le 18 juillet 1343.
4° Eléonore, mariée la même année à Guillaume d'Albon, seigneur de Châtillon d'Azergues et de Bagnols.
5° Guiburge, mariée en 1289 à Guy de Saint-Symphorien, seigneur de Grézieu, qui mourut avant 1317.
6° et 7° Clémence et Isabelle ou Elisabeth, religieuses minorites à Vienne, en 1289, qui donnèrent, au mois d'août 1296, quittance à Guy et à Guillaume d'Albon de la somme de 200 livres qui leur était due (1).

II. Guichard, seigneur d'Oingt, était en 1251 possessionné à Liergues, à Pouilly, à Ville-sur-Jarnioux, à Theizé, à Frontenas et à Moiré (2) ; approuva en 1260 la charte de franchises accordée par son frère Etienne aux habitants de Châtillon d'Azergues. Dans son testament, qui porte la date du 25 juillet 1297, il donne à sa femme, nommée Marguerite, l'usufruit du château du Bois-d'Oingt et institue pour héritiers universels ses deux fils, auxquels il substitue leur sœur Catherine (3). Ses enfants furent :

1° Guichard, chevalier, seigneur d'Oingt, qui suit,
2° Louis, seigneur du Bois-d'Oingt, auquel sa mère fit donation, sous la réserve de l'usufruit, de tout ce

---

(1) Huillard Bréholles. Invent. des titres de la maison de Bourbon, n°° 754, 777 et 818. — Invent. des titres de la maison d'Albon. — Cote D.
(2) Archives du départ. du Rhône. Arm. Agar, vol. 1, n° 22.
(3) Huillard-Bréholles. Inventaire, etc., n° 983. — Valentin Smith. Considérations sur la Dombes. Revue du Lyonnais, 2° série, tome XII, p. 32.

qu'elle possédait dans la terre de Bâgé et dans les paroisses de Saint-Cyr, de Confrançon, de Villeneuve et de Savigneux (13 mai 1300). Louis d'Oingt rendit hommage en 1305 à Humbert de Thoire-Villars pour le fief qu'il tenait de lui à Villeneuve. Il mourut au plus tard en 1335; car, dès le 25 janvier 1336 (n. st.), il fut pourvu, par des lettres de l'official de Lyon, à la curatelle de ses quatre enfants mineurs : 1° Humbert ; 2° Louis, qui fut grand sacristain de l'Ile-Barbe en 1377; 3° Dalmace, et 4° Guillaume (1).

3° Catherine, mariée, le 5 février 1320, à Jean e Marcilly-Chalmazel, seigneur de la Ferrière.

4° et 5° Isabelle et Agnès, religieuses à Alix.

6° Marguerite, religieuse et troisième prieure de la Chartreuse de Polleteins, à laquelle son père légua une rente annuelle de cent sous (2).

III. Guichard, chevalier, seigneur d'Oingt, fut, en 1303, médiateur du traité entre les frères d'Albon (3). Il fut père de :

IV. Guy, chevalier, seigneur d'Oingt, qui épousa Fleur-de-Lys de Varey, de la maison d'Avauges, laquelle vivait en 1342 (4) et dont il eut :

1° Guichard, seigneur d'Oingt, vivant en 1354, qui mourut sans postérité, laissant sa sœur Marguerite héritière de sa terre d'Oingt.

2° Alix, mariée à Etienne de Fougères.

3° Marguerite, qui fut mariée, vers 1350, à Jean d'Albon, chevalier, seigneur de Châtillon d'Azergues et de Bagnols, dont elle eut un fils nommé Etienne, mort

---

(1) Huillard-Bréholles. Loc. cit., n°ˢ 1028 et 2116. — Noms féodaux. — Monfalcon. Monumenta Lugdunensis historiæ, p. 271.

(2) Valentin Smith. Loc. cit. — Mazures de l'Isle Barbe, p. 569.

(3) Mazures de l'Isle Barbe, p. 178.

(4) Noms féodaux. V° Yconio.

en 1370, sans postérité. Remariée en 1358 à Jean de Laye, seigneur de Saint-Lagier, elle n'en eut pas d'enfants. La terre d'Oingt, dont elle avait hérité de son frère Guichard, fut léguée par elle, dans son testament du 19 décembre 1383, à Antoine de Fougères, fils d'Alix sa sœur et d'Etienne de Fougères, à la charge de prendre le nom et les armes d'Oingt (1).

## II. Généalogie des Camus.
### Branche des seigneurs de Châtillon d'Azergues.
#### (D'après les manuscrits de Guichenon.)

I. **Nicolas Camus**, sieur de Mareil, capitaine et maire perpétuel de la ville d'Auxonne, épousa Marie Brigaud, dont il eut :

II. **Maurice**, *alias* **Geoffroy Camus**, écuyer, seigneur de Marcilly, de Varade et de Fontaine, nommé écuyer ordinaire du duc de Normandie par lettres datées de Nantes, du 5 avril 1467; devint ensuite maître d'hôtel du duc de Lorraine et fut inhumé au couvent des Cordeliers d'Auxonne. De sa femme, dont le nom nous est inconnu, il eut :
  1° Pernet Camus, qui suit.
  2° François Camus, écuyer, seigneur de Fontaine.

III. **Pernet Camus**, écuyer, capitaine et maire perpétuel d'Auxonne, vivait en 1500 et 1514; il n'eut de sa femme, Françoise Jacob, qu'un seul fils qui suit :

IV. **Jean Camus**, échevin à Lyon en 1523, 1524, 1534 et 1535, secrétaire du Roi en 1549, seigneur de Châtillon d'Azergues, de Bagnols, de la Roche, de Saint-Bonnet, de Vaise et d'Arginy, eut d'Antoinette de Vinols, dame d'Arginy, fille d'Antoine de Vinols et de N** Grollier, qu'il épousa le 15 janvier 1520 :

(1) Archives du départ. du Rhône. Extrait des causes pies. Manuscrits de Cl. Le Laboureur. — Mazures de l'Isle Barbe, p. 181, 344 et 406. — Noms féodaux. V° l'oing.

1° Antoine Camus, échevin en 1557 et 1558, reçu trésorier de France à Lyon en 1568, seigneur de Riverie et du Perron.

2° Jean, seigneur de Saint-Bonnet et de Gondreville, intendant des finances sous Charles IX, aïeul de Jean-Pierre Camus, évêque de Belley.

3° Claude, seigneur de Châtillon d'Azergues et de Bagnols, qui suit.

4° Geoffroy, seigneur de Pontcarré et de Torcy, tige de la branche de Pontcarré.

5° Marguerite, mariée à Pierre de Sève, seigneur du Montillier, échevin en 1545.

6° Laurence, mariée à François de la Tour, seigneur de Chaponay, à Vienne.

7° Angèle, mariée à Louis de Gaspard, seigneur de Proveins, des Flechelles et de Vaurenard.

8° Isabeau, épouse de Jean de Combes, bourgeois de Lyon.

V. Claude Camus, échevin en 1568, seigneur de Châtillon d'Azergues, Bagnols, Arginy, Frontenas, Vaise et la Roche, trésorier général de France à Lyon, épousa, le 10 février 1564, Anne Grollier, fille de François Grollier de Belair, seigneur du Bois d'Oingt, et de Françoise de Grillet, dont il eut :

1° Jean Camus.

2° Charles, seigneur de Bagnols.

3° Antoine, seigneur d'Arginy.

4° Gaspard, seigneur de Châtillon d'Azergues, qui suit.

5° Antoinette, femme de Gaspard-Béatrix Robert, seigneur de Bouquéron, président au parlement de Grenoble.

6° Françoise, épouse de Jean Baraillon, seigneur de Nantas et de la Cosse, conseiller du Roi et trésorier général de France à Lyon.

7° Eléonore.

VI. Gaspard Camus, seigneur de Châtillon d'Azergues,

vivant en 1596 et 1630, épousa Marguerite de Guillens, fille de Jean de Guillens de Montjustin et de Sibylle Garnier des Garets, dont il eut :

1° Charles Camus, enseigne au régiment de Navarre.
2° Gaspard, seigneur de Châtillon d'Azergues, qui suit.
3° Anne, épouse du sieur Dorche, en Bresse.
4° Marie.
5° Françoise, *alias* Antoinette, mariée à Marc Gaspard, seigneur du Sou et du Breuil.

VII. Gaspard Camus, seigneur de Châtillon d'Azergues, qui vivait en 1671, mort sans alliance, laissant pour héritier son neveu, Jean Gaspard, seigneur du Sou, du Breuil et de Fontcrenne.

Armorial des familles ayant possédé Chatillon d'Azergues.

Albon. — De sable à la croix d'or. — *La branche de Châtillon d'Azergues portait :* de sable à la croix d'or, brisé d'une bande de gueules, racourcie et se terminant au centre de la croix. — *La maison d'Albon porte aujourd'hui ses armes écartelées*, au 1 et 4, de sable à la croix d'or qui est d'Albon, au 2 et 3, d'or au dauphin d'azur, allumé, loré et peautré de gueules qui est de Viennois.

Balzac : D'azur à trois flanchis d'or au chef de même, chargé de trois flanchis d'azur.

Camus : D'azur à trois croissants d'argent, et une étoile d'or en abîme.

Chabannes : De gueules, au lion d'hermine, armé, lampassé et couronné d'or.

Chaponay : D'azur à trois coqs d'or crêtés et barbés de gueules.

Dufournel : D'azur à la fasce d'argent accompagné en chef de trois merlettes rangées et en pointe d'un croissant, le tout d'argent.

Durand : D'argent au chevron de gueules accompagné de deux étoiles d'azur et d'un cœur de gueules.

Gaspard : D'azur au chevron d'or, accompagné de trois étoiles d'argent, au chef du même à trois bandes de gueules.

Inguimbert de Pramiral : D'azur à quatre colonnes rangées d'or surmontées de deux étoiles d'argent.

Oingt : D'argent à la fasce de gueules chargée de trois étoiles d'or.

Terrail (du) : D'azur au chef d'argent, chargé d'un lion naissant de gueules, au filet d'or mis en bande, brochant sur le tout.

Varey : D'azur à trois jumelles d'or en bande, au chef d'argent chargé de trois merlettes de sable. — *Guichenon blasonne ainsi* : Bandé d'or et d'azur de 10 pièces, au chef d'argent, chargé de trois corneilles de sable, membrées et becquetées de gueules, à la bordure componée d'or et d'azur (1).

Viste (le) : De gueules à la bande d'azur, chargée de trois croissants d'argent.

## Chapitre III. — Fiefs et chapelles de la seigneurie de Chatillon.

Amancey. — La chapelle d'Amancey, située sur la rive droite de l'Azergues, près de l'ancien chemin de Dorieux, est dédiée aujourd'hui à saint Alban. Mais elle était autrefois placée sous le vocable de sainte Valburge. Cette église figure comme paroisse, dans la charte de franchises de Châtillon, de l'an 1260. Il en est de même dans le pouillé du diocèse de Lyon du xiiie siècle, qui nous apprend qu'elle avait pour patron temporel le cellérier de Savigny. Cette chapelle appartint en effet à ce monastère jusqu'à la Révolution. Aussi les religieux venaient-ils autrefois, chaque année, le lundi de Pâques, célébrer la messe à Amancey, au milieu d'une grande affluence de fidèles. Cette église faisait partie de l'archiprêtré de l'Arbresle, tandis que celle de Châtillon dépendait de celui d'Anse. Son nom ne disparaît de la liste des paroisses que dans le pouillé du

(1) Histoire manuscrite de Dombes, p. 454.

xviiie siècle. A cette époque ce n'est plus qu'une simple chapelle rurale de la paroisse de Châtillon, mais elle était encore, en 1760, sous le vocable de sainte Valburge, et il est à présumer qu'elle n'a pris le nom de saint Alban que depuis la Révolution.

La chapelle d'Amancey est une construction romane du xie siècle qui a succédé sans doute à un autre édifice plus ancien encore, comme on peut l'induire de l'existence d'un chapiteau encastré dans l'angle droit de la façade et qui a dû couronner un pilastre ayant appartenu à un monument élevé d'après la tradition de l'art romain. La fondation de l'église primitive d'Amancey remonte donc à l'époque la plus reculée. Aussi ne faut-il pas s'étonner qu'elle ait été la paroisse mère de Châtillon, dont l'église ne fut sans doute à l'origine qu'une simple chapelle destinée au service du château (1).

Nous avons vu rarement une construction plus rustique que celle de cette chapelle et tout y rappelle la simplicité des premiers âges du christianisme. L'édifice n'a ni voûte ni lambris, mais un simple toit supporté par quatre piliers sans bases ni chapiteaux, dont deux sont de forme ronde et les deux autres octogones. La nef est éclairée par cinq fenêtres, dont une au nord et les quatre autres au midi. Une seule est de forme ogivale ; les autres appartiennent à l'époque romane et ne mesurent pas plus de 40 centimètres de hauteur sur 15 centimètres de largeur. Trois baies à plein cintre éclairent aussi l'abside.

Ce monument semble avoir été restauré au xiiie siècle. C'est ce que nous révèlent à la fois la forme ogivale de l'arcade du chœur et de la fenêtre des fonts baptismaux ainsi que les profils d'une base de colonne cylindrique que l'on remarque contre un contrefort extérieur. Comme la plupart des églises rurales, bâties à cette époque reculée, cette chapelle n'a point de clocher, mais un simple

(1) Voir les Almanachs historiques de Lyon, de 1760, 1774 et années suivantes.

campanile placé sur le pignon du mur qui sépare la nef du chœur et percé de deux arcades à plein cintre. L'aspect de cette chapelle est fort pittoresque ; aussi deux artistes lyonnais, Boissieu et Leymarie, nous en ont-ils donné l'un et l'autre le dessin. Elle se trouve aujourd'hui dans un état de vétusté difficile à décrire ; le toit menace ruine ; la voûte des caveaux funéraires existant sous le pavé de la nef s'écroule de toute part. Aussi n'est-elle plus livrée au culte, depuis plusieurs années. La commune de Châtillon a, dit-on, le projet de démolir la moitié de l'antique édifice pour agrandir le cimetière. Mais cet agrandissement ne serait-il pas possible autrement ? Dans tous les cas, nous faisons des vœux pour la restauration de la partie qui sera conservée. L'histoire de cette chapelle fera comprendre aux habitants de Châtillon tout l'intérêt qui s'attache à ce monument qui fut le premier oratoire où vinrent prier leurs pères.

Bayère. — Suivant l'Atlas historique du département du Rhône de M. Debombourg, ce fief était possédé, en 1359, par un seigneur du nom de Thomas Bonjour. Mais depuis cette époque il n'est fait aucune mention de ses possesseurs, et Bayère ne sortit de son obscurité qu'au commencement du xviiie siècle, époque où les Inguimbert de Pramiral firent bâtir le château moderne qui subsiste encore et qui devint depuis cette époque la résidence habituelle des seigneurs de Châtillon. On sait qu'au siècle dernier le château de Châtillon recevait l'eau d'une belle source amenée de Bayère par des conduits souterrains.

Coleymieux. — La charte de Châtillon de l'an 1260 donne à Coleymieux le titre de paroisse. Mais ce lieu ne possédait sans doute qu'une simple chapelle rurale qui ne figure pas dans la liste des paroisses du diocèse de Lyon du xiiie siècle. En 1659, Coleymieux appartenait à Emmanuel de Guigard. Nous voyons dans l'aveu et le dénombrement donné en 1758 par Paul Durand, que le possesseur du domaine et de la maison forte de Coleymieux devait foi et hommage au seigneur de Châtillon (1). En 1787, ce fief était possédé par Bernazet de Ville, ancien libraire à Lyon. Aujourd'hui Coleymieux n'a plus que l'aspect d'une simple ferme.

Dorieux. — Dorieux, autrefois Deurieux (*de duobus rivis*), tire son nom de sa situation au confluent de la Brevenne et de l'Azergues. Ce lieu est admirablement approprié au calme de la vie du cloître. Aussi, dans le cours de la première moitié du xiii$^e$ siècle, Guichard d'Oingt, seigneur de Châtillon, fonda à Dorieux un monastère de Bénédictines, destiné aux dames de noble famille. Alix de Talaru en était prieure en 1350 et Françoise de Mont-d'Or en 1586 (2). L'église de Dorieux, qui était dédiée à saint Jacques et saint Philippe, avait rang de paroisse au xiii$^e$ siècle, comme nous le voyons dans la charte de 1260. Dans son testament du 16 mars 1381, Jean de Varey, chevalier, co-seigneur de Châtillon, lui fait don de quatre livres de cire. Elle est encore citée comme paroisse dans la visite diocésaine de 1469 (3). Mais au xvii$^e$ siècle, le prieuré fut réuni, avec tous ses biens, au monastère de Sainte-Marie de l'Antiquaille, et depuis cette époque son église fut sans doute abandonnée. Aujourd'hui, il ne reste aucune trace des bâtiments du monastère, et ses terres sont possédées par des habitants du pays.

Les seigneurs de Châtillon avaient la garde du prieuré de Dorieux, dont ils étaient les fondateurs. Gilet d'Oingt, fils d'Etienne, la céda, en 1285, à Artaud de Roussillon. Mais trois ans plus tard, ce dernier la restitua à Guy et à Guillaume d'Albon, à l'occasion de leur mariage avec Marguerite et Eléonore d'Oingt (4). Au commencement du xv$^e$ siè-

(1) Archives du départ. du Rhône, C. 631.
(2) Morel de Voleine. Evêques et archevêques de Lyon, p. 23 et 87.
(3) Cartulaire de Savigny, p. 911 et 1025.
(4) Huillard-Bréholles. Inventaire des titres de la maison de Bourbon, n$^{os}$ 777 et 814.

cle, Thibaud d'Albon aliéna la juridiction de Dorieux, à l'occasion de sa querelle avec son fils Guichard (1). Mais cette juridiction rentra plus tard en la possession des seigneurs de Châtillon, comme nous le voyons dans les actes de foi et hommage du siècle dernier.

Saint-Roch. — La chapelle de Saint-Roch est située à l'ouest du château, dans l'ancien cimetière de Châtillon. Le nom de Saint-Roch, sous le vocable duquel sont placées un grand nombre de chapelles rurales, nous rappelle ces pestes effroyables qui désolaient si fréquemment la France au moyen-âge. Cette chapelle, à en juger surtout par la forme de son abside romane en cul de four, est très-ancienne et doit remonter au xi° siècle. Mais elle a subi plus d'un remaniement et ses fenêtres notamment ont été visiblement agrandies. Plusieurs familles de Châtillon ont leur sépulture dans le petit cimetière qui l'entoure et c'est là que repose M$^{me}$ Voilez, auteur de romans moraux à l'usage des jeunes filles, décédée à Châtillon en 1859. Dans ce même cimetière on remarque aussi une croix dont le croisillon est moderne, mais dont la base et le socle gothiques sont l'œuvre du xvi° siècle. Sur cette croix, qui porte la date de 1552, est sculpté le blason suivant : *De.... au chevron de.... accompagné en pointe d'un cœur de.... au chef de.... chargé de trois étoiles de....* Les initiales C. G., que portent ces armes, permettent de croire que cette croix a été élevée par un membre de la famille Gaspard ; car nous trouvons, à cette époque, un Claude Gaspard, seigneur du Sou. Mais s'il en était ainsi, il faudrait que cette famille eût changé plus tard ses armoiries, ce qui du reste, n'est pas sans exemple.

Sandars. — Sandars (que l'on trouve écrit aussi quelquefois *Cendars*) fut possédé primitivement, comme Courbeville, par la famille de Varennes. Etienne de Varennes en était seigneur en 1272. Son fils, Jean de Varennes, lui

---

(1) Mazures de l'Isle-Barbe, p. 185.

succéda. Sandars relevait, à cette époque, de la seigneurie de Châtillon et Jean de Varennes en rendit hommage, en 1302, à Guy et Guillaume d'Albon, seigneurs de Châtillon, du chef de leurs femmes. On sait comment cet hommage donna lieu à une querelle entre ces derniers et leur frère Henri d'Albon, héritiers des droits qu'André d'Albon, leur père, possédait sur la terre de Châtillon. Sandars demeura aux mains des de Varennes jusqu'au milieu du xv$^e$ siècle, époque où il passa à la maison de Faverges, qui possédait aussi la seigneurie du Breuil. A cette famille succédèrent les Rébé, qui étaient seigneurs de Sandars à la fin du xvi$^e$ siècle. Un siècle plus tard, ce fief fut acquis par Jean-Baptiste Inguimbert de Pramiral et depuis cette époque il ne cessa point d'appartenir aux seigneurs de Châtillon.

## Chapitre IV. — Description archéologique.

### I. — Le Château.

Le château de Châtillon-d'Azergues est le monument le plus remarquable de l'architecture militaire du moyen-âge que possède l'ancienne province du Lyonnais. On peut trouver ailleurs des constructions plus importantes, un plan plus vaste, une ornementation plus riche; mais ce que la main de l'homme a épargné à Châtillon suffit pour nous faire juger de ce qu'étaient autrefois une forteresse féodale et les mœurs guerrières des temps chevaleresques.

Ce qui distingue le château de Châtillon-d'Azergues de beaucoup d'autres châteaux du moyen-âge, c'est que, tout en faisant partie du bourg qu'il commande, il en est complètement indépendant. Il protégeait le bourg, et le bourg, entouré d'une enceinte continue, dont la partie basse était défendue par un fossé que remplissait une dérivation de l'Azergues, ajoutait à sa force en lui servant de première ligne de défense. Ainsi en était-il à Coucy, à Saumur, à Orange et dans beaucoup d'autres villes. Entre le bourg et le château se trouvait une seconde enceinte, qui enveloppait une esplanade formant la basse-cour de la forteresse, et renfermant la chapelle seigneuriale. Cette esplanade, dont nous voyons encore les murs de soutènement, munis de contreforts, se défendait du côté du bourg par plusieurs tours, dont deux sont encore très-apparentes sur le flanc méridional de la colline. Elles nous expliquent comment l'entrée principale du château était dépourvue de tours de flanquement. L'ennemi pouvait s'emparer du bourg sans avoir obtenu de grands avantages ; les habitants se retiraient dans l'enceinte inférieure du château, dont l'approche n'était point facile. C'était ainsi un second siége à faire avant d'attaquer le château proprement dit, refuge assuré des défenseurs de la place.

Le château de Châtillon devait donc à sa situation une importance bien supérieure à celle qu'on serait tenté de lui attribuer, en considérant seulement l'étendue de son emplacement. Son plan est celui d'un carré irrégulier, arrondi du côté de l'ouest. Au midi, il domine des escarpements inaccessibles ; au nord et à l'ouest il était séparé de l'arête de la montagne par un fossé large et profond, et défendu par des remparts élevés, flanqués de deux tours carrées et d'une tourelle cylindrique.

Chaque siècle semble avoir laissé sur les murs du vieux manoir l'empreinte du style de son architecture et de ses habitudes sociales. La partie la plus ancienne du monument, qui fait face à la chapelle, remonte au XI$^e$ ou tout au moins au XII$^e$ siècle. Cette époque est bien caractérisée par les arcatures à plein cintre reliant les contreforts plats qui divisent cette façade en quatre travées, et par le mode de l'appareil en forme de feuilles de fougère, ou d'arêtes de poisson, que l'on retrouve notamment dans les murs voisins du donjon.

C'est sans doute dans cette partie de l'édifice que consistait uniquement le château primitif, forteresse bien secondaire (*castellio*), dont le nom est demeuré à Châtillon, même après que son importance se fut accrue. Ce monument du xi⁰ siècle fut élevé sur un plan rectangulaire, presque carré ; mais au xiii⁰ siècle, la construction du donjon vint occuper une partie de son emplacement. Un mur le divise, dans le sens longitudinal, en deux parties principales, subdivisées elles-mêmes, dans le sens transversal, par des murs de refend. La salle, qui regarde la vallée de l'Azergues, était éclairée par une fenêtre très-large, relativement à sa hauteur, et divisée en deux baies par un meneau central fort léger supportant une double arcade trilobée. Cette fenêtre n'a été ouverte qu'au xiii⁰ siècle. Mais les deux portes à plein cintre, donnant accès dans cette partie du monument, et ouvertes, l'une sur la façade orientale, et l'autre au nord sur l'esplanade du château, appartiennent bien à la construction primitive. Elles sont du reste fermées depuis longtemps.

On pénètre aujourd'hui dans le château par une étroite porte vulgaire, placée à l'angle de la chapelle, et sur laquelle on voit sculptées les armes des Balzac supportées par deux lions mutilés. On traverse ainsi l'esplanade, qui s'étendait au nord-est du château, pour entrer dans l'enceinte intérieure par une porte ogivale, défendue par un moucharaby, dont il ne reste plus que les deux consoles en pierre qui le supportaient. Cette porte devait être précédée autrefois d'un fossé dont on ne voit plus de traces. Au surplus elle n'a été ouverte qu'au xiv⁰ siècle seulement, dans le mur de l'enceinte primitive, dont l'âge est indiqué par la forme de l'appareil en arêtes de poisson.

Cette entrée s'ouvrait dans un corps de bâtiment carré ; deux portes la fermaient, l'une à l'intérieur, l'autre à l'extérieur, disposition fort ordinaire qui permettait d'accabler les assaillants sous les projectiles lancés par une ouverture pratiquée dans la voûte. Rien n'indique l'existence d'une herse ; mais on aperçoit toujours dans les jambages des portes les trous des barres de bois transversales qui servaient à les fermer. A droite de la porte d'entrée, on vous montre une pièce voûtée, en forme de trapèze, qui servait, dit-on, de prison. On remarque encore dans le mur la place de trois anneaux de fer enlevés récemment; des dessins bizarres tracés sur les murailles sont l'œuvre des prisonniers.

A gauche de l'entrée, se trouve la descente d'un souterrain qui avait, suivant la tradition, une issue au loin dans la campagne. On rencontre fréquemment de semblables galeries dans les châteaux féodaux. Mais en pénétrant dans le souterrain de Châtillon, on peut s'assurer qu'il est fermé aujourd'hui et qu'il présente seulement la forme d'une simple cave voûtée de 7 à 8 mètres de profondeur, placée au-dessous de la partie la plus ancienne du château. Enfin, au milieu de la cour, en face de la porte d'entrée, se trouvait un puits d'une grande profondeur comblé aujourd'hui par les décombres.

Le donjon, de forme cylindrique, occupe l'angle occidental du château primitif et semble avoir été la première construction ajoutée à la forteresse du XIe siècle par les seigneurs de Châtillon. Ce donjon appartient au XIIIe siècle; sa forme est bien celle des tours cylindriques de cette époque. Il en est d'ailleurs fait mention déjà dans la charte de franchises de 1260, où nous voyons que, si les habitants de Châtillon étaient tenus de travailler aux réparations du château, où ils pouvaient trouver un asile en temps de guerre, aucun travail ne leur était imposé pour le donjon, qui servait exclusivement de retraite au seigneur. Observons cependant qu'une tour hexagonale qui lui est adossée au nord et qui renfermait un escalier desservant à la fois le donjon et les bâtiments d'habitation, est une construction bien postérieure qui ne remonte peut-être qu'au XVe siècle, époque où l'on vit fréquemment de ces tours accessoires appliquées contre une autre, pour desservir les principales pièces du donjon (1).

Cette tour du donjon, qui est fort bien bâtie, a près de

---

(1) De Caumont. Architecture civile et militaire, p. 561.

30 mètres de hauteur. Elle mesure 9 mètres 50 centimètres de diamètre hors d'œuvre et ses murailles ont 1 mètre 50 centimètres à la base. Le rez-de-chaussée, où l'on pénètre de l'intérieur du château par une porte de forme carrée, était séparé du premier étage par une voûte qui n'existe plus, tandis qu'un simple plancher divisait les deux étages supérieurs.

Un passage étroit qui existait entre le donjon et la façade méridionale, aboutissait à un escalier extérieur, de 70 centimètres seulement de largeur, conduisant au premier et au second étage. De ce dernier étage on accédait au sommet du donjon par un escalier pratiqué dans l'épaisseur du mur. Ainsi nous retrouvons dans le donjon de Châtillon le même système de défense que dans les forteresses les plus célèbres du temps : deux issues, l'une apparente, et l'autre dérobée ; des passages étroits qui permettaient à quelques hommes résolus de se défendre contre une troupe nombreuse ; une rampe raide et exiguë conduisant à une poterne très-élevée au-dessus du sol et ouverte du côté de l'escarpement. Tout était établi de la sorte en vue d'une lutte pied à pied, et l'ennemi pouvait s'emparer du rez-de-chaussée du donjon sans parvenir à réduire ses défenseurs autrement que par la famine.

Des créneaux et des hourds, sorte de balcons en bois qui permettaient de lancer à couvert des projectiles au pied même des remparts, devaient couronner autrefois cette belle tour ; mais il n'en reste plus de traces ; le toit conique, qui surmontait l'édifice, s'est écroulé, et il ne subsiste plus aujourd'hui que la voûte en forme de calotte hémisphérique du sommet, que des arbustes recouvrent d'un vert manteau de feuillage.

A la suite du donjon se trouvaient les bâtiments d'habitation, dont les belles fenêtres à croisillons s'ouvrent sur la vallée de l'Azergues. Cette partie du monument, qui date seulement du xve siècle, est la moins ancienne du château ; mais c'est aussi la plus ruinée. Il semble que la beauté des matériaux ait tenté davantage les démolisseurs; on y remarque encore néanmoins de belles cheminées de la dernière époque du style ogival.

Les anciens appartements seigneuriaux n'étaient séparés que par un étroit passage de deux tours assez bien conservées. La première, de forme semi-cylindrique, est recouverte d'une voûte à nervures et mesure 6 mètres dans œuvre. Deux planchers la divisaient en deux étages. La pièce du premier étage, où l'on arrivait par un chemin en pente qui contournait le côté circulaire de la tour, servait autrefois de salle de justice. Cet ancien auditoire, éclairé par une unique fenêtre donnant sur la cour, a conservé une belle cheminée en pierre sculptée du xv$^e$ siècle; sur les murs on remarque aussi des restes de peintures, représentant des palmiers ou de grandes fougères.

En face de cette salle, et séparée seulement par le vestibule de l'escalier, se trouve celle du rez-de-chaussée de la tour carrée qui domine la vallée. Cette tour, de forme rectangulaire, mesure seulement 3 mètres sur 4 dans œuvre. Au milieu de cette pièce, qui est éclairée par une fenêtre à croisillon, existe une ouverture béante de 60 centimètres de largeur. La tradition fait de ce souterrain les oubliettes du château, espèce de puits ou de fosse où l'on descendait vivants des prisonniers destinés à mourir de faim. Mais comme ce souterrain, à moitié comblé de pierres, n'a plus que 5 mètres de profondeur, et qu'il a, en largeur, les mêmes dimensions que la salle supérieure, il est impossible d'affirmer que telle était bien sa destination. On sait combien il faut se défier de ces attributions légendaires, mises en vogue par nos romanciers modernes, dont les récits saisissants altèrent trop souvent la vérité des faits historiques. L'observation la plus éclairée et la plus attentive a rarement constaté l'existence de véritables oubliettes. Il est vrai que l'on rencontre souvent des tours renfermant des salles obscures dans lesquelles on ne pouvait pénétrer que par une ouverture pratiquée au milieu de la voûte. Mais il y a loin des oubliettes à ces pièces souterraines, qui servaient seulement de caves et de magasins où l'on conservait les provisions du château.

Cette destination était fort commune. Mais il en est une autre qui nous paraît plus certaine encore : La tour carrée du château de Châtillon jouait un rôle important dans le système de défense de la place. A l'angle oriental de la salle du rez-de-chaussée s'ouvrait un moucharaby qui commandait l'entrée de la poterne du chemin de ronde de l'enceinte inférieure. Au premier étage, venait aboutir un autre chemin de ronde qui régnait tout autour des remparts du château. Enfin du sommet de cette tour, on pouvait surveiller aisément la vallée de l'Azergues et défendre l'accès du fossé qui protégeait la forteresse du côté de l'ouest.

Or, l'étage souterrain de la tour servait à compléter ce système défensif, et voici comment : On pourrait croire au premier abord, que des tours pleines, dans leur partie inférieure, devaient mieux résister aux attaques des assiégeants, et les constructeurs des premiers temps de la féodalité l'avaient pensé ainsi. Mais on reconnut bientôt que les tours pleines facilitaient le travail de la sape ou de la mine ; les assiégeants creusaient leurs galeries sous les fondations des tours, puis ils les faisaient écrouler en mettant le feu aux étais, sans que les défenseurs de la place pussent arrêter la marche de ces travaux en creusant une contre-mine. C'était donc la partie inférieure des remparts qu'il convenait surtout de défendre. Pour cela on établit dans les tours des étages jusqu'au niveau des fossés, et l'on put désormais détruire les galeries de l'ennemi au moyen d'autres travaux souterrains, ou bien défendre l'approche du pied des remparts en lançant des traits horizontalement par les meurtrières inférieures, et même, au besoin, rendre inutile le travail des assiégeants, en élevant un second mur derrière la brèche qu'ils auraient pu pratiquer au pied des remparts ou des tours (1).

Telle était, sans aucun doute, la véritable destination du souterrain, que l'on est convenu d'appeler les oubliettes du château de Châtillon. Ajoutons, au surplus, qu'il est d'autant plus difficile de croire à la tradition romanesque que nous combattons, qu'il est certain que la tour carrée de Châtillon, appartient comme la tour voisine, à l'architecture du xv<sup>e</sup> siècle. Or l'on sait que déjà, à cette époque, la rigueur des peines s'était bien adoucie, et que le contrôle de la justice royale avait fait disparaître des juridictions seigneuriales tout ce qu'elles pouvaient avoir d'arbitraire.

Revenons à la description du château. L'escalier, placé entre les deux tours, servait à chacune d'elles. Le toit de la tour carrée, aussi bien que le plancher du deuxième étage, se sont effondrés depuis longtemps, mais on peut toujours arriver au sommet de la tour semi-cylindrique, dont la voûte a résisté à toutes les injures du temps.

Toute la partie nord du château est dans un état de ruine presque complet. Seuls les murs d'enceinte ont été épargnés et leurs fenêtres à croisillons nous apprennent que là aussi existaient des bâtiments d'habitation. Une tourelle cylindrique, découverte, bâtie en encorbellement à l'angle nord-est des remparts et destinée à faire le guet et à défendre à la fois la courtine du nord et la porte d'entrée du château, conserve aussi toujours entière sa couronne de créneaux. Depuis longtemps l'escalier qui y conduisait est détruit, et c'est ainsi que la main de l'homme l'a épargnée.

Au pied de cette tourelle commence la ligne des remparts

---

(1) Prosper Mérimée. Collection de documents inédits sur l'histoire de France. Architecture militaire, p. 74. — Viollet-le-Duc. Dictionnaire raisonné de l'architecture française. T. I, p. 373. — VI, p. 451. — De Caumont. Architecture civile et milit., p. 496 et 563. — Congrès archéolog. de France. 23<sup>e</sup> session, p. 177.

qui enveloppaient à la fois le bourg de Châtillon et la seconde enceinte du château. Une partie de ces murs paraît fort ancienne; nous y retrouvons, en effet, en plusieurs endroits, l'appareil en forme d'arêtes de poisson, que nous avons remarqué dans la partie du château remontant au xie siècle. Un chemin de ronde muni d'escaliers, sur les plans inclinés, en suivait partout le sommet; mais il est détruit aujourd'hui. De la plaine, ces remparts remontaient la colline où après s'être reliés à l'enceinte de l'esplanade, ils venaient aboutir à l'angle de la tour carrée du château, où nous avons vu qu'un moucharaby commandait l'entrée du chemin de ronde et de la poterne destinée au service de la garnison.

Nous retrouvons à Châtillon la trace des principales familles qui l'ont possédé à toutes les époques.

La partie la plus ancienne du château, l'antique *castellio*, est sans doute l'œuvre de la famille de Châtillon qui lui emprunta son nom. Après elle, viennent les seigneurs d'Oingt, maison puissante qui a bâti Bagnols et le château du Bois-d'Oingt. A Châtillon elle élève le fier donjon que nous admirons encore. Les d'Albon agrandissent l'enceinte de la forteresse. Mais sous cette famille Châtillon traversa des mauvais jours. Thibaud, premier du nom, l'assiège, le prend et s'empare de ce qu'il renfermait de plus précieux. Son successeur, appelé aussi Thibaud, dépouille le vieux manoir au profit de Bagnols, et le laisse tomber en ruine, en haine de son fils aîné, Guichard. Ce fut à son petit-fils, Antoine d'Albon, qui lui succéda, à commencer l'œuvre de restauration. Alors s'élève la salle de justice et la tour qui commande la vallée. Les Balzac continuent son œuvre en bâtissant l'habitation seigneuriale. Les guerres nationales contre les Anglais sont finies, et la sécurité qui règne dans nos campagnes permet d'ouvrir de larges fenêtres, non-seulement du côté de l'escarpement, mais encore sur les fossés du nord. L'amour du bien-être et du luxe s'est développé, et sous le dernier des Balzac le vieux manoir arrive à un degré de splendeur qu'il ne connut plus jamais. Le noble seigneur veut une chapelle digne de lui et il fait édifier la riche façade qui subsiste encore. A l'intérieur, les murs de Châtillon se couvrent de peintures, à l'extérieur de riches ornements sculptés. Tout est approprié au besoin de la vie luxueuse de l'époque. Aussi Geoffroy de Balzac affectionne-t-il Châtillon, et c'est là qu'il vient oublier les grandeurs de la cour royale et choisir sa sépulture.

Possesseurs de plusieurs demeures seigneuriales, les Camus habitèrent rarement Châtillon. Il en fut autrement de Gaspard, le dernier d'entre eux; un titre de la fin du xviie siècle nous apprend qu'il n'avait pas d'autre demeure que le château de Châtillon (1). Mais les beaux jours de la forteresse féodale expirent avec ce seigneur. Les gentilshommes du xviiie siècle ne peuvent s'accommoder de l'habitation du vieux manoir. Les Pramiral construisent Bayère sur un plan tout moderne et Châtillon est abandonné aux officiers de justice de la seigneurie et au geôlier de la prison. « *Les murs du château sont fort anciens, et il se compose d'un logement fort modique,* » dit Camille de Pramiral dans son aveu de fief du 31 juillet 1732. Un quart de siècle s'écoule, et l'avant-dernier seigneur de Châtillon nous apprend dans son aveu de 1758 que le *château est devenu inhabitable* (2).

La révolution de 1789 eut donc peu à faire pour compléter l'œuvre de destruction. Depuis cette époque, ses possesseurs n'ont pas épargné le vieux manoir, et surtout les parties modernes les mieux bâties. Les plus beaux matériaux, les cheminées les plus élégantes, les grillages de fer des fenêtres eux-mêmes, tout a été enlevé. Le droit de propriété est sans doute absolu. Mais à une époque où existe, à un si haut degré, le respect de nos monuments

---

(1) Archives du départ. du Rhône. B. 3.
(2) Archives du départ. du Rhône, C. 631 et 635.

historiques, il nous est bien permis de donner un regret à ces dévastations accomplies froidement et presque sans profit pour leurs auteurs. L'œuvre des siècles, déjà si avancée, sera bien assez vite accomplie. Mais au moins si la main de l'homme ne lui vient pas en aide, il nous sera permis d'admirer longtemps encore ces ruines vénérables.

C'est qu'en effet, malgré les outrages du temps et des hommes, le château de Châtillon n'a point perdu ce caractère de grandeur, qui le plaçait jadis au premier rang parmi les châteaux forts destinés à la défense de la fertile vallée de l'Azergues. Quand, au détour du chemin, le vieux manoir apparaît à vos regards avec ses masses imposantes, on s'arrête étonné devant ce fier donjon qui nous révèle la puissance des hauts barons qui en firent leur demeure. Bâtie avec cette pierre de couleur jaune ocrée que fournissent abondamment les environs de Châtillon, l'antique forteresse n'a point l'aspect triste et mélancolique que présentent d'ordinaire les ruines. Contemplez, des coteaux qui bordent la rive droite de l'Azergues, ces hautes tours qui se profilent hardiment sur l'azur du ciel; voyez-les, aux premiers rayons du soleil levant, se colorer de cette teinte puissante qui défie le pinceau de plus d'un artiste, et que l'on ne retrouve dans aucun de nos monuments les plus célèbres, et vous comprendrez ce que devait être le château de Châtillon au temps de sa splendeur. Il semble alors que tout n'est pas mort dans cette enceinte silencieuse, et l'imagination se plaît à lui rendre et sa couronne de créneaux et les hommes d'armes qui veillaient jadis à sa défense. On croit voir briller, au sommet de ses remparts, l'armure des chevaliers; on croit entendre l'appel aux armes des sentinelles; la herse se baisse devant les assaillants; le clairon sonne; les échelles se dressent contre les murs de la forteresse; écoutez les cris des combattants, c'est l'assaut avec toutes ses fureurs; voyez la bannière du vainqueur qui flotte sur la plus haute tour... C'est Thibaud d'Albon, un rude batailleur, qui vient d'enlever à son neveu, encore enfant, le château de ses ancêtres....

Tels sont les souvenirs que l'on évoque devant ce monument d'une génération qui nous étonne souvent par la grandeur de ses œuvres. Mais ce qui ajoute encore aux beautés de Châtillon, c'est son admirable position, c'est le charmant paysage qui l'entoure, c'est l'aspect pittoresque de son vieux bourg qui semble toujours s'abriter au pied de la vieille forteresse démantelée. Depuis longtemps le nouveau village a brisé l'étroite ceinture de ses remparts pour s'étaler dans la plaine. Mais ni le luxe moderne, ni l'amour du bien-être n'ont pu transformer encore entièrement le vieux bourg féodal. Quand on parcourt ses rues étroites et tortueuses, on retrouve toute une civilisation éteinte dans ces maisons, aux portes surbaissées, aux fenêtres à meneaux, qui surplombent la voie publique. Ici, un blason mutilé, plus loin, quelque débris informe des splendeurs de la demeure seigneuriale. On passe sous quelque porte chancelante, on suit des passages étroits et parfois sans issue, et l'on arrive ainsi au vieux château, à travers des monceaux de ruines et les souvenirs de vingt générations.

Et maintenant, voulez-vous avoir une idée complète de tout cet ensemble, montez au sommet de la tour de justice et voyez le tableau qui se déroule à vos regards. A l'ouest, les montagnes de Tarare, au midi, la chaîne de l'Iseron, à l'est, les sommets du Mont-d'Or lui servent de cadre. Rien de plus varié que l'aspect des campagnes qui s'étalent à vos pieds. Rien de plus harmonieux que les lignes pleines de mollesse de ce riche paysage. Dans les prés et les saulées, coule l'Azergues, entre deux rives plantées d'aulnes et de peupliers ; sur les coteaux couverts de vignes et de bois, les hameaux et les fermes s'étagent d'une manière pittoresque. Puis, tout à coup, apparaît, à travers le feuillage, quelque débris de l'âge féodal. Là-bas, c'est Chessy, avec ses mines que posséda Jacques Cœur et sa belle tour que fit bâtir le monastère de Savigny, pour protéger les hommes de ses domaines. En face, Courbeville, l'antique demeure des de Varennes. Plus loin, le Breuil qui cache sous les arbres de la vallée les sombres remparts de son vieux château. Plus loin encore, la Flachère, création moderne d'un maître qui s'est inspiré de toutes les beautés de l'art ogival (1). Plus près, Sandars, avec son élégante tourelle. En face, l'humble chapelle d'Amancey, avec son campanile roman. Enfin à l'est, derrière ce rideau de peupliers, on devine Dorieux, qui n'a conservé de son importance passée que les ruines de son vieux pont, et le souvenir de son noble monastère.

On comprend ainsi que depuis longtemps la vallée de l'Azergues soit chère à nos artistes. Aussi que d'études gracieuses n'a-t-elle pas inspirées! Mais aujourd'hui que le chemin de fer vous conduit à 3 kilomètres de Châtillon, ce ne sont plus seulement les peintres et les archéologues qui fréquentent le vieux bourg et ses alentours. Sa réputation s'est répandue au loin et, chaque dimanche, Lyon lui envoie une foule de visiteurs, pour admirer sa chapelle romane et les remparts mutilés de son château.

## II. — La Chapelle.

La chapelle de Châtillon est placée en face de la partie la plus ancienne du château, dont elle est séparée par un passage de quelques mètres seulement de largeur. Sa construction remonte aux premières années du XII$^e$ siècle. L'édifice, parfaitement orienté, et bâti sur un plan rectangulaire, offre à l'extérieur des lignes fort simples, résultat de l'absence de basses nefs et de contreforts saillants.

Les regards se portent d'abord sur le clocher élevé au-dessus du chœur de la chapelle, et présentant sur chaque face deux rangs de fenêtres, divisées en deux baies par un pilier carré, au premier étage, et, à l'étage supérieur, par

---

(1) M. Viollet-Le-Duc.

une colonne cylindrique couronnée d'un chapiteau sculpté. Cette tour se termine par une flèche aiguë, construite en pierre et en briques, dont les assises sont alternées sans symétrie.

L'abside, bâtie en encorbellement, nous fournit l'un des exemples les plus anciens de ce mode de construction. Celle de la chapelle du château de Landsberg, en Alsace, citée par les archéologues, date seulement de la fin du XII$^e$ siècle, et les chapelles du palais de justice de Grenoble et de l'hôtel de Cluny, à Paris, ne sont pas antérieures au XV$^e$ siècle.

La façade est bien postérieure à la construction primitive. On attribue sa construction à Geoffroy de Balzac, seigneur de Châtillon de 1489 à 1509. La riche ornementation de ses deux portes, décorées de pinacles en application, de feuilles frisées et de moulures prismatiques, appartient bien en effet au style ogival de la fin du XV$^e$ siècle.

A l'intérieur, la chapelle est divisée en deux étages par un simple plancher. La chapelle inférieure adossée à la montagne, du côté du nord, avait autrefois sa porte ouverte du côté méridional; cette porte d'une extrême simplicité se compose de deux jambages sans moulures, avec linteau renforcé au milieu et un arc de décharge au-dessus, forme adoptée fréquemment, à cette époque, dans les églises de nos provinces. Elle fut fermée lors de la construction de la façade actuelle. Cette chapelle, qui était dédiée autrefois à saint Barthélemy, servit d'église paroissiale aux habitants de Châtillon, jusqu'en 1722 (1), époque où Camille de Pramiral, seigneur du lieu, fit élever l'église du bourg, sous le vocable de saint Camille. Elle n'est éclairée que par trois baies romanes fort étroites, ménagées entre les arca-

(1) Telle est la tradition locale, que confirme à cet égard l'existence des anciens fonts baptismaux de la chapelle basse. Nous devons dire cependant que, suivant Le Laboureur, la chapelle supérieure servait autrefois d'église paroissiale, tandis que la chapelle inférieure était placée sous le vocable de Notre-Dame (*Mazures de l'Isle Barbe*, p. 659).

tures des contreforts plats, qui flanquent le sanctuaire du côté du midi. Le chœur seul est voûté au-dessus du clocher. On ne remarque dans cette chapelle inférieure aucune autre ornementation que les sculptures de deux porteburettes, placées à côté de l'autel, qui sont l'œuvre du XVI° siècle. A gauche de l'autel se trouve la tombe du curé Lavaure, qui fit restaurer les deux chapelles. Enfin, autour de la nef, on remarque les tableaux en cuivre d'un chemin de croix, en forme de quatre-feuilles, sur lesquels sont gravées au trait les scènes de la Passion.

La chapelle supérieure, à laquelle on arrive par un escalier en pierre, servait autrefois de chapelle au château. Elle est placée sous le vocable de Notre-Dame-de-Bon-Secours. Cette chapelle comprend deux parties bien distinctes : la nef et le chœur. La première, de forme rectangulaire, est couverte d'une simple charpente et éclairée au midi par trois fenêtres romanes. Au-dessus de la porte est placé un tableau donné par l'Empereur et représentant la Vierge et les saintes femmes portant la couronne d'épines, œuvre du peintre Faivre-Duffer. A gauche, en entrant, on remarque un bénitier moderne, mais en rapport avec le style du monument, porté sur une colonnette. Autour de la cuve, de forme polygonale, est gravée, avec l'alpha et l'oméga et le monogramme du Christ, l'inscription grecque suivante, empruntée à un ancien bénitier conservé au musée d'Orléans et qui est curieuse, en ce que la lecture en est la même dans les deux sens :

NIYONANOMHMATAMHMONANOYIN.

Ce qui signifie: *Lave tes péchés, et non pas seulement ton visage* (1).

---

(1) Pour retrouver le sens de cette inscription, il faut la décomposer ainsi : Νίψον ἀνόμηματα μὴ μόναν ὄψιν. — Il y avait autrefois devant la porte et à l'extérieur des églises, des fontaines où les fidèles, dans une intention symbolique, se lavaient le visage et les mains. Telle est l'origine des bénitiers du moyen âge.

La charpente et les plafonds de la nef sont couverts de peintures, dues au pinceau de M. Beuchot de Lyon, et représentant les signes du Zodiaque et les figures symboliques des litanies de la sainte Vierge. La frise est décorée des armes des archevêques de Lyon, de Tours, de Bordeaux et d'autres évêques qui ont concouru à la restauration de la chapelle.

Au-dessus de l'arcade qui met la nef en communication avec le sanctuaire, M. Lavergne a peint à fresque une vaste composition, représentant Notre-Dame-de-Bon-Secours soulageant les douleurs des malades et des affligés : à sa droite, une jeune fille offre à la Vierge une plante de lis et des colombes, une mère tient son enfant dans ses bras, et, derrière eux, le curé de la paroisse, avec un moissonneur, implore aussi sa protection ; dans le fond, on aperçoit l'ancienne maison forte de Sandars. A gauche, une autre jeune fille pleure à côté de sa mère malade, pendant qu'un enfant conduit par un vieillard, son aïeul, présente un cierge à la madone ; au dernier plan apparaissent les ruines du château de Châtillon. Au-dessous on lit l'inscription suivante : *C. V. Lavaure mandavit A. D. MDCCCLIII, intra IV augusti et XXX octobris. Ejusdem anni pinxit Claudius Lavergne Lugdunensis.*

On a reproché à quelques-unes de ces figures de manquer un peu d'idéal ; mais on est forcé de reconnaître que l'ensemble de cette composition est bien entendu, et que notamment l'expression et la pose de la mère tenant l'enfant sont parfaitement rendus (1).

Le chœur, pavé en mosaïque, est divisé en trois parties par les piliers du clocher. Ces trois parties sont voûtées ; mais, dans le sanctuaire, la voûte, placée au-dessous du clocher, prend la forme d'une coupole hémisphérique. Au fond de l'abside, éclairée par trois baies romanes, est placé le maître autel, décoré de remarquables peintures d'Hip-

(1) V. la Revue du Lyonnais. 2ᵉ série. Tome VIII, p. 108.

polyte Flandrin, représentant le Christ avec les quatre apôtres, saint Jean, saint Pierre, saint Paul et saint Barthélemy. Au-dessus de l'autel, une belle statue en marbre de la sainte Vierge, due au ciseau du sculpteur Fabisch, complète cette riche ornementation.

A droite et à gauche du sanctuaire sont deux chapelles ornées chacune d'un autel, et éclairées du côté oriental par une baie à plein cintre. Celle de droite reçoit, en outre, le jour de deux autres fenêtres de même forme, ouvertes du côté du midi, entre lesquelles on remarque contre la paroi du mur, une élégante colonnette romane, couronnée maladroitement d'un chapiteau sculpté, d'un diamètre différent. Ce fait est très-fréquent à l'époque reculée où fut bâtie la chapelle de Châtillon, et souvent il nous révèle que ces colonnes et ces chapiteaux proviennent d'anciens monuments détruits.

A gauche de la chapelle proprement dite, se trouve un oratoire, bâti vers la fin du xv$^e$ siècle, par les seigneurs de Balzac et dont la longueur mesure à peine la moitié de celle de la nef. Il communique avec le sanctuaire par un arceau ogival, et avec la nef par une arcade à plein cintre. Cet oratoire, qui est voûté avec nervures, est éclairé, du côté oriental, par une baie à plein cintre et par deux fenêtres de forme ovale, du côté du nord; chacune de ces dernières est ornée d'un vitrail représentant, l'un, un vaisseau sur une mer agitée, avec la légende : *Ave Maris stella*, et l'autre, un château fort avec l'inscription : *Auxilium Christianorum*.

La sacristie ouvre sur cette chapelle; au-dessus de la porte sont peintes les armes des Montmorency : *d'or à la croix de gueules, chargé de 16 alérions d'azur*. Au milieu du pavé, se trouve la pierre tombale de Geoffroy de Balzac qui, suivant Le Laboureur, fut inhumé dans la chapelle inférieure (1). Cette pierre, qui se trouve dans un parfait

---

(1) Mazures de l'Isle Barbe, p. 659.

état de conservation, avait été transportée autrefois dans la chapelle de saint Roch, où elle est demeurée de longues années ; elle a été placée dans l'oratoire des Balzac, lors des restaurations exécutées en 1853. On y voit, gravée au trait, l'image du défunt, qui est représenté, tête nue, l'épée au côté, et revêtu de la cuirasse et du haubert, armure des chevaliers. Tous les détails du costume sont rendus avec une grande exactitude. Les mains du personnage sont jointes sur la poitrine et ses pieds reposent sur un lion. A sa gauche, on remarque les armes des Balzac, surmontées d'un casque. Autour de la pierre, on lit l'inscription suivante :

**Cy gist noble et puissant seigne͞r
messire geoffray de balsac chl͞r s͞r dudict
lieu et de chatillon . en son vivant
p͞mier varlet de cha͞bre du roy charles
viii͞e. q͞. trespassa le ix͞e ior ianuier mil
v͞c t neuf . dieu age son ame.**

Au pied de cette tombe sont dessinées en mosaïque les armes de la famille de Chaponay ; du côté de la tête, celles des d'Albon, écartelées de Viennois. Au-dessus de la baie à plein cintre, ouverte du côté de l'orient, sont peintes les armes des Cossé-Brissac, bienfaiteurs de la chapelle : *de sable à 3 fasces d'or dentelées par le bas*. A côté, se trouvent les suivantes, dont nous ne connaissons point les possesseurs : *de gueules au taureau d'argent passant, au chef d'azur chargé de quatre étoiles d'or et d'un croissant du même renversé*. Nous ignorons également à quelle famille appartient le blason peint sur le vitrail placé au-dessous : *d'argent à la croix de gueules, cantonné de quatre mouchetures d'hermine de sable*. Ces écussons, ainsi que celui des Montmorency, sont sans doute ceux de bienfaiteurs qui ont concouru à l'œuvre de la restauration du monument. Sans cela on ne comprendrait guère leur présence dans cette chapelle, où l'on cherche vainement les armes des anciens seigneurs de Châtillon et surtout celles de la famille d'Oingt, à laquelle on doit peut-être sa construction.

Telle est aujourd'hui la chapelle de Châtillon d'Azergues. Mais elle se trouvait, il y a quelques années, dans un état de délabrement qui faisait redouter une ruine prochaine. Depuis que l'église paroissiale avait été construite dans le bourg, la chapelle du château avait été bien négligée. A la Révolution, elle fut confisquée et devint propriété communale; mais il ne fut rien fait pour son entretien. Aussi, en 1843, Leymarie déplorait-il son état d'abandon (1). Les murs se lézardaient, sa toiture menaçait ruine et l'eau de la pluie inondait le sanctuaire. Déjà même le plancher, qui divisait le monument en deux étages, n'existait plus. En 1847, une décision ministérielle vint heureusement classer l'édifice au nombre des monuments historiques. Depuis cette époque, le maire et le curé, M. Lavaure, firent tous leurs efforts pour la restauration de la chapelle. Ce dernier surtout se consacra à cette œuvre avec un zèle que rien ne put refroidir. La commune vota une somme importante ; le Gouvernement accorda aussi une forte allocation sur le budget des monuments historiques et les dons de généreux bienfaiteurs firent le reste. La direction des travaux fut confiée à M. Desjardins, architecte du diocèse, qui s'en est acquitté avec succès. Nous avons vu plus haut le nom des artistes qui ont concouru à cette œuvre de restauration. Aujourd'hui l'ornementation de l'édifice est complète, et si l'on regrette qu'on ne se soit point inspiré davantage des souvenirs historiques des anciens seigneurs de Châtillon, on doit reconnaître que l'œuvre, dans son ensemble, est satisfaisante et que Châtillon a droit de montrer avec orgueil sa vieille chapelle aux étrangers.

(1) Album du Lyonnais, I, p. 63.

## Chapitre V. — Notice analytique de la charte de Chatillon-d'Azergues (1).

Le fait capital du xiie et du xiiie siècles c'est la révolution communale dont les fruits immédiats furent les chartes de commune. Le mouvement commença par la vie urbaine et descendit lentement dans les classes agricoles. L'initiative courageuse des habitants des villes enhardit les paysans, les serfs ou mainmortables; ils osèrent demander leur affranchissement. La désertion des tenanciers, la crainte et l'intérêt amenèrent les seigneurs à transiger sur leurs droits. Ces transactions arrachées par la force, acquises à prix d'argent ou dictées par l'équité, purement verbales dans le principe, devinrent des actes authentiques et solennels. Ce sont ces monuments, longtemps dédaisgné, mais sur lesquels des historiens éminents ont attiré l'attention, qui renferment les germes de la liberté moderne. Ils forment les premières pages de l'histoire de notre civilisation. De ces documents les uns contiennent les concessions les plus larges et même des droits politiques, ce sont les chartes de commune; les autres concèdent soit l'affranchissement simple, soit certains priviléges ou certaines exemptions au profit de tel ou tel bourg, de tel ou tel village, sans constitution en communauté, on les nomme chartes de franchises. Leurs formules variées, la nature diverse des promesses et des réformes qu'elles renferment, les rendent très-difficiles à classer. Parmi ces premières assises des libertés nationales il en est qui donnent les détails les plus curieux sur les assemblées, les impôts, les droits de justice, les amendes et les usages singuliers, qui offrent le tableau réaliste des mœurs féodales, qui dévoilent tous les mystères de la vie seigneuriale et rurale; d'autres, trop laconiques, affirment simplement la franchise

(1) Voir le texte dans les pièces justificatives.

et les exemptions accordées à un groupe de population. Ils intéressent donc à divers degrés l'historien et l'archéologue, auxquels ils font connaître l'état précaire de la classe agricole et démontrent les efforts persistants des paysans pour adoucir leur situation misérable et se régénérer par la liberté. L'histoire des classes laborieuses, de l'état des terres et de la condition des personnes au moyen-âge forme de nos jours un sujet d'études profondes et suivies. En cherchant d'où nous venons, peut-être verrons-nous où nous allons. Plusieurs érudits ont réuni et livré à la publicité des recueils de chartes de communes et de franchises groupées par province ou par ancienne circonscription féodale. Excellent système qui permet d'étudier à fond l'ensemble de ces documents dans le cadre primitif où ils ont été placés et avec leur propre couleur locale. Comme on n'a point encore retrouvé les lettres d'affranchissement des fiefs de la province du Lyonnais, ce bon exemple n'a pu être suivi. Il a fallu se borner à l'étude particulière des franchises données au bourg de Châtillon d'Azergues, sans en tirer aucune conclusion générale, que pourraient détruire les découvertes ultérieures.

Cette charte d'un intérêt secondaire mais réel, a été trouvée au milieu d'un volume des insinuations du greffe de la sénéchaussée royale (archives judiciaires de la Cour de Lyon) et comme perdue entre des actes sans intérêt (1). En 1597, les habitants de Châtillon adressèrent une requête au sénéchal de Lyon pour l'insinuation ou enregistrement d'un vieux parchemin qu'ils avaient sorti d'un coffre placé dans leur église ; ils désiraient obvier à sa perte et pouvoir au besoin en tirer des expéditions. Des exigences seigneuriales bien tardives et inopportunes motivèrent sans doute cette précaution. Le sénéchal approuva la requête, et le texte du parchemin fut reproduit avec soin

---

(1) Anciennes arch. de la Cour de Lyon; vol. 113 des insinuations, folio 641 et suiv.

et intelligence sur les registre du greffe. Cette copie judiciaire fait foi comme l'original dont la perte est probable. Il est des titres qui doivent sortir de l'oubli pour éclairer l'histoire ; on a placé parmi eux ce vieux jalon de la civilisation lyonnaise.

Le mouvement communal du Lyonnais remonte à la fin du XII<sup>e</sup> siècle. C'est à Lyon, l'antique municipe, que les idées révolutionnaires prirent naissance, ou mieux, renaquirent de leurs cendres comme le phénix fabuleux. Les historiens ont accumulé les preuves irrécusables de la persistance dans cette ville des traditions municipales romaines. D'abord triomphante, la commune de Lyon fut dissoute (1208). Mais les citoyens demeurèrent fermes et résolus, ils poursuivirent leur généreuse entreprise. Après un siècle de résistance héroïque, ils reconstituèrent cette commune, objet d'une si grande et admirable constance, et sous la protection royale ils obtinrent du seigneur archevêque son approbation et sa reconnaissance (1320) (1). Ces luttes acharnées eurent du retentissement dans la province et produisirent parmi les habitants des campagnes une aspiration libérale bientôt suivie de désertions des mainmortables du côté de la grande ville en mouvement, ou de ligues déterminées à arracher par la force et la violence ce qu'elles n'obtiendraient pas des négociations pacifiques. D'autres centres de liberté exercèrent leur puissante influence et leur attraction invincible sur les vassaux. Les villes et bourgs des provinces voisines, Miribel (1253), Baugé (1250), Montbrison (1223), Saint-Rambert (1224), Crozet (1236), Saint-Germain-Laval (1248), Villerez (1253) (2), avaient obtenu leurs chartes de bour-

---

(1) Voy. dans *Lyon ancien et moderne*, tome 2<sup>e</sup>, le meilleur résumé de l'histoire municipale de Lyon, publié par M. Morin sous ce titre modeste : *l'Hôtel de Ville*.

(2) Guichenon : Histoire de la Bresse et de Bugey. La Mure : Histoire des ducs de Bourbon et des comtes de Forez, tom. 3<sup>e</sup>. (Cette dernière

geoisie. La réaction contre l'arbitraire et les abus du régime féodal se montrait de tous les côtés. Une rébellion en entraînait plusieurs ; une concession enfantait d'autres concessions. Placés entre des villes d'où rayonnaient les vives lueurs de la liberté, les habitants du Lyonnais durent réclamer leur affranchissement et en négocier les conditions. En quelques lieux l'initiative vint des maîtres du sol qui pour prévenir des luttes sanglantes, pour empêcher leurs vassaux de déserter ou pour suivre l'impulsion des idées nouvelles, s'empressèrent de proposer des réformes. Une fois en mouvement, la civilisation renverse tous les obstacles.

La charte de Châtillon-d'Azergues naquit pendant la grande tourmente lyonnaise, quelques années avant les derniers combats où les citoyens de Lyon conquirent des droits que nous avons laissés perdre. La constitution définitive de la communauté de Villefranche par le sire de Beaujeu (novembre 1260), cinq mois avant la rédaction du document récemment découvert, hâta sans doute la mise en liberté des hommes de Châtillon. Le voisinage de l'heureuse ville beaujolaise dut exercer une influence décisive sur les résolutions des vassaux et les dispositions du seigneur de ce bourg féodal ; il rendit les premières plus hardies et les secondes plus conformes aux exigences du temps. Cependant la charte ne démontre pas l'influence de ce voisinage, que l'on peut rationnellement supposer. Les dispositions apparemment bienveillantes du seigneur y sont seules mentionnées. Les conjectures les plus opposées peuvent être tirées de la réserve du rédacteur de la charte où l'on ne voit ni révolte, ni discussion. Quel que fût le mobile de l'épuration libérale de Châtillon d'Azergues, l'heure de la délivrance définitive de la moitié de ses habitants sonna le 1er avril de l'année 1260, avant

publication, faite par M. de Chantelauze, a obtenu de l'Institut l'un des prix de la fondation Gobert.)

Pâques (1261. N. S.) C'est Etienne d'Oingt, damoiseau, seigneur de la moitié du fief de Châtillon, qui donna aux hommes mouvants (*homines morentes*) de son domaine la charte de franchises dont l'analyse succincte va suivre. La seigneurie de Châtillon s'étendait sur le château, le bourg et les paroisses de Saint-Jean et de Saint-Barthélemy de Châtillon, de Sainte-Valburge, de Chessy, du Breuil, de Saint-Germain, de Sarsay, de Dorieux, de Coleymieux, de Belmont et de Charnay. Toutes les limites de ce fief à bannière, dont il est impossible d'évaluer l'importance, marquées soigneusement sur l'acte, se relèveraient difficilement dans la topographie actuelle de la riante et fraîche vallée de l'Azergue (1).

Etienne d'Oingt ne fait pas de préambule hypocrite, il entre en matière carrément, sans embages, et son texte est exempt de l'ennuyeuse prolixité des formules qui commençait à envahir tous les instruments. Il dit que lui et les siens pouvant retirer des avantages certains d'une concession qui accroîtrait la puissance du château et serait utile à ses hommes, après avoir pris conseil de ses amis et délibéré mûrement, il veut affranchir (*manumittere*), donner et laisser une perpétuelle liberté à ses hommes. Il les acquitte à perpétuité : 1° De la taille complainte (*taillia complainta* « *quævis et vocis complainte apud nos*, » dit Ducange), impôt personnel et mobilier ; 2° Des exactions et extorsions (*exactiones et extorsiones*) ; 3° Des corvées, journées et reconnaissances (*corvatæ, jornales et recognitiones*) que le seigneur exigeait lorsqu'il y avait donation entre vifs et legs du père ou de la mère à leurs enfants, ou de l'enfant à ses parents, et dans les cas de succession *ab intestato*; c'est l'impôt sur les donations et les successions payé en obligations personnelles ; 4° Des reconnaissances usitées à la mutation du seigneur ; 5° Du ban d'août ou banvin, droit exclusif du seigneur de vendre son

---

(1) Voir le chapitre I<sup>er</sup>.

vin pendant le mois d'août ; 6° Du péage pour chaque charge de vin, ou droit de circulation du vin. Il déclare en outre que les hommes de son domaine pourront céder leurs biens immeubles à qui ils voudront, sauf le servis *ad usagium Villefranchæ*. L'usage de Villefranche est ainsi formulé dans la charte de cette ville : « Quicunque tenet « pedam integram debet ex eâ duodecim denarios de ser- « vicio ; peda integra est de quatuor teysis in fronte. » C'est-à-dire que chaque façade de quatre toises payait douze deniers. On reconnaît là l'origine de l'impôt des portes et fenêtres. Le seigneur s'engage pour lui et ses héritiers, à ne point retenir ni faire retenir les biens mis en vente dans l'étendue de son domaine, pourvu que les contractants comparaissent devant lui et que l'acheteur reçoive l'investiture et paye les droits de lauds et ventes, ou impôt de mutation, qui, suivant la coutume, étaient employés à la reconstruction du château et du bourg, à l'exception du donjon (*salvo donjone*). Etienne d'Oingt réserve expressément les chevauchées (*chalvagatas*) ou service militaire à l'extérieur. Il s'oblige à observer fidèlement et à perpétuité toutes les clauses de la charte ; il en fait le serment sur les Evangiles, et dans le cas où lui ou l'un de ses successeurs y contreviendrait, il place la seigneurie sous la juridiction de l'official de Lyon qui pourra excommunier le parjure et mettre sa terre en interdit. Vaines formules, car on abusait déjà des serments les plus sacrés et les peines spirituelles si souvent fulminées en faveur des intérêts temporels commençaient à perdre leur efficacité. Etienne d'Oingt et son frère Guichard, l'un auteur et l'autre témoin de ces promesses, y attachèrent leurs sceaux, et maître Girard, le redoutable official, y apposa la bulle de plomb de l'officialité, non pour clore la charte mais pour lui donner la force de leur témoignage et en quelque sorte la rendre exécutoire.

Ces franchises démontrent que la condition des hommes de Châtillon se trouvait relativement meilleure que celle des sujets des autres fiefs. En effet, ils jouissaient, avant les exemptions susdites, d'une certaine liberté qui les plaçait au-dessus des serfs proprement dits; on ne les désigne point par les termes humiliants : *Servi*, *homines manus mortuæ*, *tailliabiles*, mais par ce mot simple : *homines*; ils avaient encore le droit de disposer, dans une certaine mesure, de leurs biens meubles et immeubles et celui de tester et de faire des donations. Ces droits, aujourd'hui naturels, n'étaient point reconnus dans tous les fiefs. Deux cents ans plus tard, ils furent les objets de concessions exceptionnelles. En voici un exemple : Guillaume de Varey, damoiseau, seigneur d'Avauges, affranchit par testament tous les gens de main-morte de son fief et leur permit de disposer de leurs biens meubles (21 novembre 1443) (1). On trouve souvent cette clause dans les testaments des seigneurs féodaux au xv<sup>e</sup> siècle. On trouve aussi antérieurement et postérieurement une foule de concessions particulières et d'immunités locales, surtout en faveur des fiefs tenus par les corps ecclésiastiques (2).

La charte de Châtillon ne fait aucune mention de certains droits de mariage, de prélibation, de cuissage, etc., que l'on suppose à tort avoir été exigés en nature ou en argent par tous les seigneurs. On a pris deux ou trois exceptions pour la généralité. Rien n'indique l'existence de ces droits honteux dans la province du Lyonnais, et les habitants du vieux bourg baronial ne paraissent pas avoir été soumis à des charges bizarres, à des redevances joyeuses ou ridicules.

Malgré l'adoucissement relatif de leur état, les hommes de Châtillon durent s'estimer heureux d'acquérir définitivement l'exemption des impôts les plus arbitraires qui, il faut bien le dire, ne constituaient pas toujours des profits pour les seigneurs qui remplissaient des devoirs de pro-

(1) Arch. du Rhône : collet. des testaments provenant de l'officialité.
(2) Guigue : Obituarium Lugd., ecclesiæ : introduction, page xxiv.

tection, de secours, d'alimentation et de justice vis-à-vis de leurs sujets. Les véritables fléaux de ce temps étaient les guerres intestines et leur désolant cortége de dévastation et de ruines, la désespérante incertitude et la discrétion seigneuriale. Le nombre et la quotité des impôts, alors illusoires pour la plupart, et très-réels aujourd'hui, pesaient moins sur la classe agricole que l'arbitraire des maîtres du sol. Et encore cet arbitraire se trouvait-il tempéré par l'intérêt bien entendu des seigneurs qui leur commandait rationnellement de ne pas presser, violenter et ruiner leurs vassaux. Quoi qu'il en soit de cette grave question rétrospectivement humanitaire, les hommes de Châtillon achetèrent leurs franchises à beaux deniers comptants. Il fallait bien une compensation au seigneur, qui se contenta de la somme de 300 livres viennoises et en donna quittance.

La charte est muette quant aux droits de justice, aux amendes et aux mesures, mentionnés ailleurs, par exemple dans la lettre de privilége, en langue vulgaire, de Saint-Bonnet-le-Château, avec des détails fort curieux (1).

Etienne d'Oingt possédait-il tout ou partie de la juridiction haute et basse de Châtillon ? On sait que ce droit important, distinct du fief, pouvait être démembré et partagé pourvu que la justice fût rendue par un seul juge dans toute l'étendue du mandement. Aucune induction ne peut être tirée du silence de la charte relativement à la possession des droits judiciaires.

En octroyant, disons mieux, en vendant les franchises aux hommes de son domaine, Etienne d'Oingt suivit-il l'exemple de son collègue en seigneurie ? Rien n'indique l'affranchissement de l'autre moitié du fief. L'inégalité des charges, la différence des conditions entre les habitants d'un même lieu furent très-fréquentes au moyen-âge,

---

(1) L'original de cette charte est aux archives de la Loire; le texte a été publié par M. de Chantelauze dans le 3e vol. de l'Histoire des Ducs de Bourbon et des Comtes de Forez.

époque de disparates étranges et d'anomalies choquantes, ou qui nous semblent telles. Les archéologues futurs les jugeront peut-être plus rationnelles que l'égalité absolue vers laquelle nous sommes entraînés. L'autre co-seigneur se hâta-t-il d'effacer par un généreux octroi ou une fructueuse vente cette disparité dangereuse pour sa sûreté et son domaine? On voudrait pouvoir résoudre cette question. Toutefois, à la fin du xvi° siècle, les habitants de Châtillon s'administraient eux-mêmes. Dans leur requête au sénéchal de Lyon pour l'insinuation de la charte de 1260, il est dit : « Supplient humblement les cosses (consuls) « manans et habitants... » (1). C'est probablement en 1474, année où Roffec III° du nom, seigneur de Balzac, réunit dans ses mains toute la seigneurie de Châtillon, que cette administration consulaire fut instituée et que les anciennes franchises d'une partie des habitants furent mises en commun. Mais l'importance du bourg s'était amoindrie et la vieille forteresse féodale ne présentait déjà plus qu'un simulacre de puissance et des souvenirs chevaleresques.

Ce travail analytique doit s'arrêter à ce point ; son étendue ne sera pas estimée trop grande si l'on considère que tout ce qui touche aux origines de la liberté française est d'un intérêt public.

---

(1) Voir aux pièces justificatives le texte de la requête à la suite de la charte.

# PIÈCES JUSTIFICATIVES.

## N° 1.

LIBERTÉ ET FRANCHISE DES HABITANTS DE CHATILLON D'AZERGUES FAITE PAR LE SEIGNEUR DUDIT LIEU (1).

In nomine domini Jesu Christi anno domini m° cc° lx° primo mense aprili Ego Stephanus de Yeonio domicellus dominus castellionis de Azergo pro medietate notum facio universis presentes literas inspecturis quod Ego dictum castrum et burgum in quantum ad dominum meum spectant et homines meos morantes et moraturos et habentes et habituros domum seu domos ibi et in parrochiis sancti Johannis sancti Bartholomei de Castillione sanctæ Walburgis de Chaysseu de Brolio de sancto Germano de Sarsay de Duobus rivis de Coloymeu de Bellomonte et de Charnay et infra terminos inferius annotatos cum omnibus tenementis eorumdem quæ habent et habituri sunt ibi et in dictis parrochiis et infra terminos infra scriptos volens manumittere donare tradere et concedere perpetuæ libertati considerata in hoc utilitate mea et meorum et commodo evidenti inspecta etiam utilitate exaltatione et augmentatione dicti castri et hominum meorum habito super hoc diligenti tractatu cum amicis meis et deliberatione provida in omnibus et per omnia circumspecta nullo errore lapsus ab aliquo adhoc inductus neque circonventus sed ex certa sciencia de consilio dictorum amicorum meorum ob causas prædictas dictum castrum et burgum de castellione quatenus ad me pertinent et homines meos universos et singulos et heredes eorum morantes et de cetero moraturos et habentes et habituros domum seu domos ibi et in dictis parrochiis et infra terminos qui sequuntur cum universis tenementis quæ tenent et de cetero tenebunt a me et heredibus meis in locis et parrochiis prædictis et infra dictos terminos videlicet a dicta villa de Castellione usque ad querium de Charnay et ab illo quercu usque ad trivium de Mercurens et ab illo trivio usque en Azergo prout tendit via de Croses en Azergo et ab illo loco usque ad rupem dictum clusel et ab illo rupe usque a les Places et de les Places usque ad

---

(1) Anciennes archives judiciaires de la Cour; Registre des insinuations du greffe de la Sénéchaussée, vol. 113, folio cxli et suiv. Le texte ayant été transcrit en 1597 d'après l'original par un homme entendu doit être exact; il a été fidèlement reproduit sur cette transcription. L'intitulé appartient au premier copiste.

trivium de Lays et ab illo trivio usque ad quercum supradictum manumitto trado dono et concedo franchisiæ et perpetuæ libertati sub conventionibus infra scriptis videlicet quod ego pro me et heredibus et successoribus meis quos ad hæc observanda in perpetuum obligo specialiter et expresse quitto et remitto dictis hominibus meis universis et singulis in dictis locis morantibus et de cætero moraturis et eorum heredibus in perpetuum omnem tailliam complaintam exactiones et extorsiones universas et singulas corvatas jornales recognitiones quæ solebant levari quando pater vel mater donabat seu legabat aliquam possessionem in vita et in morte liberis suis vel liberi patri vel matri suæ vel hinc inde fiebant successiones ab intestato et recognitiones quas consueverant præstare tenementarii in mutatione domini et bannum meum de Augusto et denarios qui debebantur de pedagio mense Augusti et per totum annum pro asinata vini quitto in perpetuum et remitto dictos vero homines vel aliquem ex ipsis ego et heredes mei non poterimus nec debebimus de cætero capere nec redemptionem seu aliquid aliud petere vel extorquere ab eis per nos vel per alium nisi tantummodo pro delicto Possessiones vero suas poterunt quandocumque voluerint tradere et concedere cuilibet ad super servicia me etiam inconsulto ad usagium Villafranchæ et sciendum quod terras domos vineas nemora prata et alias possessiones ad dominum meum spectantes sitas in dictis locis quando venales fuerunt expositæ Ego et heredes me ad manum nostram non poterimus nec debebimus per nos vel per alium emere nec retinere vel facere retineri sed licebit cuilibet eas vendere cuicumque voluerunt ita tamen quod coram me et heredibus meis compareant contrahentes ut per me vel heredes meos investiatur emptor et satisfaciat mihi vel heredibus meis de laudibus et venditionibus inde contingentibus ut fieri in talibus consueverint pro castro vero et burgo de Castelione reficiendo facient expensas homines et me sequentur in chalvagatas ut fieri consueverint salvo donjone pro quo reparando nihil debent prestare verum si contingat me vel heredes meos aliquid acquirere infra dictos terminos ex emptione seu donatione aut permutatione vel alia qualibet de causa contigerit aliquem acquirere vellansginm aliquod de prædictis sic acquisitis tam emptor quam tenementum erunt in libertate et franchisia ante dicta hanc autem libertatem et franchisiam quietationem et omnia prædicta et singula pro me et heredibus ac successoribus meis universis et singulis quos ad hæc servanda in perpetuum obligo promitto per juramentum super sancta dei evangilia præstitum firmiter et inviolabiliter observare et contra per me vel per alium facto vel verbo in judicio vel extra aliquatenus non venire nec consentire alicui volenti contrari et nihil in contrarium per me vel per alium ullatenus attentari Et si forte quod absit ego vel heredes mei contra dictam libertatem et franchisiam aliquo tempore veneremus seu aliquid in contrarium faceremus me et heredes et successores meos et totam terram meam et terram ipsorum hæredum et successorum meorum suppono expresse juridictioni et potestati officialis curiæ lugduni ordinarii mei itaquod si infra mensem post requisitionem passi injuriam seu violentiam vel ejus mandati non satisfaceremus.

Ego vel heredes mei eidem passo injuriam seu violentiam vel iis in quibus ego vel heredes seu successores mei universales et singulares contra veniremus dictus officialis lugduni qui pro tempore esset extime ad requisitionem illius passi injuriam seu violentiam seu ad requisitionem dictorum hominum meorum vel procuratorum seu procuratoris ipsorum me et heredes ac successores meos unica tamen monitione premissa ex parte dicti officialis contra me vel dictos heredes et successores meos super emendatione seu satisfactione facienda de his in quibus ego vel dicti heredes aut successores mei contra veneremus posset excommunicare et totam terram meam et dictorum heredum ac successorum meorum sub districto ponere interdicto et ipsas sentencias observare et facere firmiter et publice observari usque ad satisfactionem condignam ejus in quo ego vel heres seu heredes mei prædictas offenderemus pactiones super quo promitto per stipulationem et per juramentum super sancta dei evangellia præstitum pro me et heredibus meis quos etiam in hoc onero credere juramento passi damnum seu aliquam læsionem dum tamen habeat duos sequaces qui cum juramento asserant se credere idem esse verum illa constitutione sacro approbante concilio nonobstante dicti vero homines pro dicta libertate et franchisia dederunt mihi et solverunt trecentas libras viennenses in denariis numeratis de quibus me teneo propagato renuncians in hoc facto ex certa sciencia et sub præstito juramento actioni et exceptioni non numeratæ et non habitæ pecune doli et in factum et omni alii exceptioni ac omni læsioni deceptioni gravamini deffensioni et omnibus indulgentii gratiis et privilegiis impetratis et impetrandis et omni auxilio et beneflicio juris canonici et civilis scripto et non scripto seu consuetudinario promulgato et promulgando quæ vel quod mihi vel heredibus meis ad venendum contra dictam libertatem vel aliquid de prædictis posset competere modo aliquo vel prodesse et juridicenti generalem renunciationem nonobesse confitens quod dicti homines contractum istum ex parte sua vestierunt plene et nec super his possit aliqua dubietas in posterum suboriri presentibus literis sigillum meum appono in robur et testimonium perpetuæ veritatis rogo in super verum venerabilem magistrum Girardum officialem lugdunensem ut bullam domini Lugduni electi et Guichardum dominum de Yconio fratrem meum ut sigillum suum præsentibus apponant ad majoris vinculum firmitatis et in robur et testimonium omnium præmissorum nos vero magister girardus officialis curiæ Lugduni et ego dictus Guichardus dominus de Yconio laudam rattifficans et acceptans per juramentum dictam franchisiam et libertatem et omnia prædicta et singula ad preces et requisitionem dicti Stephani de Yconio præsentibus literis nos dictus officialis bullam venerabilis in Cristo patris ac domini Philippi dei gratia primæ Lugdunensi ecclesiæ electi et ego dictus Guichardus sigillum meum duximus apponenda en robur et testimonium omnium prædictorum Datum et actum anno prædicto et dicto mense ante pascha.

Non signe neantmoins scelle de deux seaulx l'ung d'iceulx de plomb d'ung couste duquel il y a l'effigie de saint Etienne et aux coustes a et ω renversez (1) et de l'autre couste sont escriptes ces paroles Philipus primæ Lug. ecle. electus attache a deux bouts de soye l'une rouge et l'autre jaulne, et l'autres seau est de cire verte fort dure avec un lacz de soye verte a cordon ledit seau rompu en un coin representant ung homme arme a cheval tenant une espee nue a la main et a l'entour sont escript certains mots qui ne se peulvent lire a cause de l'antiquité du seau (2).

Insinue et enregistre le susdit contract au cent treizieme volume dez insinuations de la senechaussee de Lyon ce requerant Mᵉ Mathieu Doyrieu procureur pour les Cosses manant et habitans de Chastillon d'Azergues pour leur servir et valloir et ez leurs respectiuement en temps et lieu ce que de raison et ce suivant l'ordonnance mise au bas de la requeste par eulx presentee cejourd'hui respondue et signee par mons. Mᵉ Pierre Austrein conseiller du roy et lieutenant particulier en la senechaussee et siege presidial de Lyon cy apres enregistre dont le dict Doyrieu a requis acte que luy a este octroye ce septieme jour du moys de novembre mil V° quatre vingt dix-sept (3).

Ensuit la teneur de la dicte requeste.

A Messieurs les Seneschal et gens tenens le siege presidial de Lyon supplient humblement les Cosses manans et habitans de Chastillon d'Azergues disant que par l'inventaire que a este faict des meubles et autres

---

(1) *Alpha* et *Omega*; L'Oméga ressemble en effet à la lettre ω onciale renversée.

(2) C'est la description malheureusement incomplète de l'état matériel du titre original qui n'avait plus que deux sceaux, celui de l'officialité sous l'archiépiscopat de Philippe de Savoie et celui de l'un des sires d'Oingt.

(3) Cet article et le suivant ont été écrits par le commis-greffier.

choses que se sont trouvez au coffre de la luminaire de l'esglise de Saint-Barthelemy parroisse dudit Chastillon s'est trouvé l'expedition d'ung contract jadis passe par sieur Estienne d'Yoing seigneur dudict Chastillon au proffit des habitans de la dicte parroisse en date du premier avril mil deux cens soixante deument seelle contenant remise et liberation de plusieurs droicts seigneuriaulx deubs audit seigneur lequel contract ils creignent que par injure ou laps de temps ne se vienne a perdre ou esgarer sans qu'ils eussent moyen d'en recouvrer autre expeditition quant ils en auroient besoing a quoy ils desireroyent obvier ce considere vous plaise ordonner que ledict contract cy attache sera enregistre au greffe de vostre court et enjoinct au greffier d'icelle de ce faire ladicte expedition neantmoins leur estre rendue pour s'en servir en temps et lieu et en deffault d'icelle avoir recours auxdicts registres en cas de besoing et ferez bien Doyrieu.

Soit faict ce septieme novembre mil cinq cent quatre-vingt-dix-sept Austrein.

---

## N° 2.

AVEU ET DÉNOMBREMENT DE LA SEIGNEURIE DE CHATILLON.

(4 Mars 1758).

Paul Durand, écuyer, conseiller, Secrétaire du Roi, maison couronne de France, seigneur de Châtillon d'Azergues, reconnait tenir à foi et hommage du Roi la terre et seigneurie de Châtillon d'Azergues (1) les fiefs et rentes nobles de Sandars, Bayères, Biers, Ladhuy, Mallatrait et Dorieux, situés dans la justice haute, moyenne et basse dudit Châtillon, son château, pourpris et domaine dudit Bayères; les rentes nobles en cens et servis portant lods et milods dudit Châtillon, Bayères, Sandars, Ladhuy, Malatrait, Dorieux, Marcigny, la Reynière, Courbeville, Nuelles, Damancieux,

---

(1) Paul Durand avait acquis sa fortune dans le commerce. Nous le voyons, en effet, figurer, comme maître des métiers, pour les veloutiers, dans le syndicat de 1746. Il fut aussi l'un des recteurs de l'Hôtel-Dieu de 1749 à 1751. Il dut sa noblesse à son office de secrétaire du Roi, dont il était pourvu en 1753, quand il fit l'acquisition de Châtillon (Syndicat de 1746. — Dagier. *Histoire du Grand-Hôtel-Dieu*. II, p. 119. — Catalogue de MM. les recteurs de l'Hôpital général, p. 129.

Saint-Maurice de la cure dudit Châtillon, Dars, Chasay, Monteleon, Biers, Pollionay, de Saint-Paul et autres en dépendant, desquelles rentes celle de Saint-Maurice porte milods à toutes les mutations même en ligne directe, tant de la part des seigneurs que des tenanciers et celles de Sandars et de Courbeville, outre les lods et milods ordinaires sont sujettes à un doublement de cens à toutes mutations en ligne directe, à la forme des terriers, titres et papiers desdites rentes, droits de foire et leydes, pressoirs, bannaux et moulins, une petite dime appelée de Chalins; laquelle seigneurie de Châtillon est du ressort de la sénéchaussée de Lyon, est composée d'un bourg et paroisse, où il y a un château très-ancien et inhabitable avec un auditoire et des prisons, cour et jardins contenant en tout deux bicherées de terre, mesure de Châtillon, qui sont situés près le château dudit lieu. — Plus deux vignes, l'une appelée la Suzera et l'autre l'Eparcieux contenant trente journées qui sont présentement réduites en terres. Plus quatre prés situés dans la paroisse de Châtillon au-dessous du château dudit lieu, proche la rivière d'Azergues, contenant trente maux de foin. Plus le moulin appelé Baillod qui est sur la rivière d'Azergues, du revenu de trois cents livres. Plus un bois appelé la Pérouze, contenant quatre-vingt bicherées. Plus deux autres bois appelés, l'un Dufour et l'autre Barjot, de la contenance de quarante bicherées, situés en la paroisse de Châtillon. Plus les susdites rentes nobles, dont les cens et servis annuels sont de trois cents bichets de tous grains, mesure de Châtillon, de cent poules, de trente livres en argent, de quatre ânées de vin et de dix livres d'huile. Plus le droit de pêche, de chasse, d'abenevis pour les prises d'eau et tous les autres droits attachés à la haute justice, qui comprend toute la paroisse de Châtillon et partie de celle de Charnay. Plus le droit de ban d'août, leyde aux quatre foires qui se tiennent sous les halles dudit Châtillon. La justice est exercée par un juge gradué, un châtelain, un procureur d'office, un greffier, procureurs postulants, huissier, geôlier, le tout à la nomination du seigneur qui peut aussi nommer un notaire rière sa justice. Plus le Château de Bayères avec le domaine de la basse-cour composé d'un jardin de la contenance de quatre bicherées, de cent quarante journées de vignes, de cent vingt bicherées de terres labourables, de trente bicherées de bois taillis, de quarante bicherées de pré, le tout situé dans la paroisse de Charnay, juridiction de Châtillon, du revenu annuel de huit cents livres environ. Plus un grand pré appelé Baronnat par lui acquis de M. de la Condamine, contenant quatre-vingt-dix bicherées, de revenu annuel d'environ trois cents livres. Plus les cens et servis dus aux fiefs attachés à la seigneurie de Châtillon sont du revenu annuel de cent vingt livres. Plus le propriétaire des domaines et maison forte de Coleimieux doit foi et hommage au seigneur de Châtillon. Et finalement le seigneur a une chapelle et droit de banc dans l'église de Charnay. Déclarant ledit sieur Durand posséder tout ce que dessus en toute allodialité ensuite du contrat de vente à lui passé par dame Elisabeth Chappuis de la Fay, veuve et héritière de M. Camille d'Inguimbert de Pramiral par acte du 8 septembre 1753, reçu M° Fromental, notaire à Lyon, et qu'il n'est dû au Roi aucun droit que la foi et hommage par lui ci-devant prêtée, le 24 décembre 1753, sauf à ajouter et diminuer dans la suite au présent aveu et dénombrement, s'il vient quelque autre chose à sa connaissance.

(Sceau). Signé : DURAND

Controllé par ampliation, le 4 mars 1758.

(Archives du départ. du Rhône. C. 631).

# TABLE

| | | Pages |
|---|---|---|
| CHAPITRE Ier. | Notice historique.................... | 5 |
| § 1er. | Les seigneurs de Châtillon............ | 5 |
| § 2. | Les coseigneurs de Châtillon.......... | 39 |
| CHAPITRE II. | Généalogies et armorial............. | 46 |
| CHAPITRE III. | Fiefs et chapelles de la seigneurie de Châtillon....................... | 55 |
| CHAPITRE IV. | Description archéologique........... | 60 |
| § 1er. | Le château ....................... | 60 |
| § 2. | La chapelle...................... | 72 |
| CHAPITRE V. | Notice analytique sur la charte de Châtillon. | 79 |
| | Pièces justificatives.................. | 89 |

FIN DE LA TABLE.

www.ingramcontent.com/pod-product-compliance
Lightning Source LLC
LaVergne TN
LVHW052105090426
835512LV00035B/999